歴史総合パートナーズ ❽

帝国主義 を歴史する

大澤 広晃
Osawa Hiroaki

SHIMIZUSHOIN

目次

はじめに：帝国主義は過去のこと？...4

1. 帝国主義の時代...8

（1）帝国主義...9

（2）誰が帝国を支えたのか：労働と移民...14

（3）帝国主義と暴力...22

（4）「劣った人々」を「文明化」？：帝国意識...29

（5）第一次世界大戦と帝国支配...36

2. 戦間期から第二次世界大戦期にかけての帝国支配体制...38

（1）継続する帝国支配...40

（2）自立を求めて：民族運動の展開...44

（3）帝国支配の再編？：文明化の推進とその内実...54

（4）第二次世界大戦と帝国支配...59

3. 帝国主義の遺産：脱植民地化と冷戦...66

（1）独立はなぜ苦難の道？：脱植民地化...68

（2）残される「帝国主義」：脱植民地化と冷戦...72

むすびに代えて：植民地責任と「帝国主義を歴史する」ことの意味...84

はじめに：帝国主義は過去のこと？

2001年9月11日，当時大学3年生だった私は，そろそろ卒業論文のテーマを考えなければいけないな，などと思いながら，テレビをみていました。そのときです。ニューヨークのランドマークだった世界貿易センタービルに，ハイジャックされた旅客機が突っ込んだのです。テレビ中継を通じてその光景を目撃した私は，驚き身震いするとともに，恐ろしい時代が始まったことを直感しました。その後，アメリカとその同盟国は，この事件をイスラーム急進派によるテロ行為と受け止め，「テロとの戦い」を宣言して，アフガニスタン，イラクを攻撃しました。自らの正当性を声高に訴えながら躊躇なく軍事力を行使するアメリカを評して，当時盛んに「帝国」や「帝国主義」という言葉が使われました。帝国主義？　高校生のときにそんな言葉を習った気がするが，そもそもどういう意味だったっけ？　こうして私は，帝国と帝国主義というテーマに出会ったのです。それ以来，帝国主義について学ぶにつれ，この問題を考えることなしに現代世界を理解することはできないという思いをますます強めています。

　帝国主義（imperialism）は過去の問題ではあるが，現在の問題でもある。私はそう思います。後で詳しく述べますが，一部の強国が勝手に世界を分けあい支配することが帝国主義の特徴だとすれば，もはやそのようなことは許されません。その意味で，帝国主義は過去のものです。しかし，帝国主義と植民地支配が引きおこしたさまざまな問題を，私たちはいまだに清算し切れていません。例えば，人種差別，「先進国」と「途上国」の格差，パレスチナとイスラエルの関係。どれも現在の地球社会が直面するきわめて深刻な問題ですが，これらはいずれも帝国主義の歴史と深くかかわっています。より身近なところでは，在日韓国・朝鮮人が置かれている状況，旧日本軍「慰安婦」や旧徴用工に対する謝罪と補償をめぐる問題などが近年盛んに論じられていますが，これらもかつ

はじめに：帝国主義は過去のこと？　5

ての日本の植民地支配に端を発しています。旧植民地の人々が，植民地統治下で受けた苦痛に対して謝罪と補償を求める運動は，日本だけでなくイギリスやドイツなどでも行われてきました。そうである以上，帝国主義は現在を生きる私たちにとっても決して他人事ではありません。この意味で，帝国主義は現在の問題でもあるのです。

　なぜ私たちは帝国主義という過去に縛られ続けているのでしょうか。それを克服し，世界をよりよいかたちで次世代に手渡していくためになにをすべきなのでしょうか。この問いへの答えを模索するためにまずすべきことは，帝国主義についてよりよく知ること，つまり，その歴史を学び，考える（＝歴史する）ことです。歴史を知ることで，現在をよりよく理解できる。現在をよりよく理解できれば，私たちがいま直面している課題とその解決策へのよりよい展望をもつことができるからです。本書の目的はまさに，そのような課題に取り組むうえでの素材を提供することにあります。

　本書では，次の二つの視点を重視しながら，帝国主義が同時代およびそれ以降の世界に与えた影響を考察していきます。ひとつは，支配が実際に行われた「現場」に注目するということです。現在に残る帝国主義の遺産やかつての帝国支配を批判する旧植民地の人々の心情を理解するためには，「支配する側」の動向とともに，「支配される側」がどのような状況に置かれ，そこでいかなる経験をしたのかを検討する必要があります。戦争，労働，生活などの場で支配がどのようなかたちをとって現れたのか，それがどのような歴史的意義をもったのかを考えていきます。もうひとつは，帝国と帝国の間，植民地と植民地の間のつながりに焦点をあてるということです。帝国主義の時代は世界的規模で領土の分割や植民地化が進行しましたが，そこでは，支配する側も支配される側もし

ばしば自分たちが属する植民地や帝国の境界を越えて，さまざまな人々や勢力と連携していました。そうした動きを捉えるには，ある地域の動向だけでなく，同じ時代の複数の地域にみられる共通の特徴や，異なる地域どうしの関係（ヨコの関係）にも注目する必要があります。従来の日本史と世界史（＝日本以外の地域の歴史）という区分を乗り越えることを意識しながら，帝国主義によって形作られた世界体制とその変容および現在への影響を考えていきたいと思います。

　帝国主義を扱う本書を読むことで，みなさんには帝国主義が引きおこした問題がどのように私たちの生きる現在と関係しているのかを主体的に考え，それが自分たちの問題でもあるのだということを認識して欲しいと思います。それでは一緒に帝国主義を歴史していきましょう。

1. 帝国主義の時代

神助拳，義和団は，ひとえに鬼どもが中原を騒がすことによって起こったものだ。[彼らは]キリスト教への入信を勧め，天にも横暴にふるまい，神仏を敬わず，祖先を忘れている。男に人倫はなく女に節義はない。鬼どもは人から生まれたのではないのだ。…(中略)…すべて鬼どもを殺しつくせば，大清の一統により昇平の世を享受できるだろう[1]。

　時間をさかのぼり，19世紀末から20世紀初頭の世界をみてみましょう。1900年4月から5月にかけて，中国（当時は清）の天津ではうえのような内容のビラが貼り出されました。ビラを作ったのは義和団という団体で，文中の「鬼」は西洋人を指します。人でなしの西洋人を殺しつくせ。過激な言葉からは，当時の中国人がいかに西洋人を憎んでいたのかが伝わってきます。こうした排外意識の根底には，帝国主義に対する反発があったと言われています。では，帝国主義とはいったいなんでしょうか。まずはそこから話を始めることにしましょう。

（1）帝国主義

●

帝国主義とはなにか

　19世紀末から20世紀初頭は帝国主義の時代と言われます。帝国を「その支配領域が広大であり，かつしばしば拡大傾向を示す政治体」[2]と定義するならば，

※1　吉澤（2008），156頁より再引用。

※2　木畑（2012），14頁

宗主国	支配面積（単位：千km²）		支配下人口（単位：千人）	
	（陸地の総面積　147,244千km²）		（1900年の世界人口　1,650,000千人）	
	1880年	1913年	1880年	1913年
イギリス	22,741	32,334	271,023	394,716
フランス	738	9,693	7,098	47,988
オランダ	421	2,066	24,115	49,850
ポルトガル	190	822	1,805	5,640
ベルギー		2,350		11,000
ドイツ		2,953		12,450
イタリア		2,020		1,900
アメリカ合衆国		328		10,008
日本		296		19,606

表1　諸帝国の比較

　帝国自体は目新しいものではありません。19世紀の世界を眺めてみても，帝国主義の時代が始まる前から，当時の覇権国家であるイギリスを筆頭に，フランス，オランダ，ポルトガル，スペイン，ロシアなどは，それぞれ世界各地に植民地や勢力圏を有していました。しかし19世紀末になると，上記の国々に加えて，ドイツ，イタリア，ベルギー，アメリカなどが新領土の獲得に乗り出し，ここにアジアの新興国である日本も加わります。これら列強諸国は，強大な国力を背景に対外膨張政策を推し進め，植民地争奪戦にしのぎをけずるようになりました。この結果，20世紀初頭までに，一部の地域を除き世界は列強諸国の間で分割されてしまいました。これは世界史における新しい展開であり，こうした現象がおこった時代を指して帝国主義の時代と言うのです。

　なにが帝国主義を引きおこしたのか，なぜこの時代に列強諸国の対外膨張がピークを迎えたのかについては，さまざまな議論[3]があります。経済的要因としてしばしば指摘されるのが，1870年代に始まる「大不況」です。断続的な不

況に直面した欧米諸国では，自国の製品を販売したり資本を投資したりするための海外市場を求める動きが強まり，それが植民地獲得競争に発展したと説明されます。加えて，ライバル国の勢力拡大に対抗して地政学的に重要な拠点を占領することもあり，外交・軍事戦略に基づく領土獲得も帝国主義の動因となりました。さらに，帝国主義を宗主国（帝国を支配する国）の国内状況と結び付ける議論もあります。当時の列強諸国は，富裕層と民衆の対立や，異なる民族的・文化的背景をもつ人々の争いなど，さまざまな問題を内部に抱え込んでいました。帝国主義的領土拡張政策は，人々の関心を国内問題から外にそらし，国民国家としての統合を強める目的があったとされます。

　以上が主として宗主国側の事情を考慮したものだとすれば，それとは反対に被支配地域の事情を重視する議論もあります。それによると，自国が利害や関心を有する地域でなんらかの問題（現地の抵抗運動など）がおき，それに対処するために現地への介入を強めた結果，帝国支配の強化や拡大がおこったとされます。いずれにせよ，帝国主義をひとつの要因だけで説明するのは困難であり，具体的な研究課題に応じてさまざまな視点を組みあわせて分析する必要があります。

※3　帝国主義の時代に生き，同時代人の目から帝国主義を分析したのがイギリス人のホブスン（John Atkinson Hobson, 1858〜1940）である。ホブスンは，投資から利益を得る金融業者や投資家の利害が帝国主義政策の原動力であると主張した。ホブスンの著書『帝国主義論』（1902年）は，ロシアの革命家レーニン（Vladimir Il'ich Lenin, 1870〜1924）に大きな影響を与えた。レーニンは1916年に『帝国主義論』を著し，列強諸国による世界分割を経済的な視点から説明し，帝国主義を資本主義の最後の段階だとした。革命による資本主義の打倒を説いたレーニンは17年に亡命先のスイスから帰国し，ロシア革命を率いた。

列強諸国の競争＝共存（競存）体制

　先ほど，帝国主義は列強諸国による植民地獲得競争だったと言いました。各国が互いに競いあいながら世界の分割を進めていったことに間違いはありません。しかし，それと同時に，列強諸国の間にはある種の共存・協調関係もみられました。列強諸国は勢力拡大を目指す一方で，それが転じて大国間の戦争に発展するのをできるだけ避けようとしました。その結果，互いに競争しつつも共存するという意味の「競存」体制が現れてきます。競存体制のもとでは，例えば植民地をめぐる領土争いがおこった場合，列強諸国は交渉によって互いの利害を調整し，それを国際的に（列強諸国間で）承認する手続きをとりました。

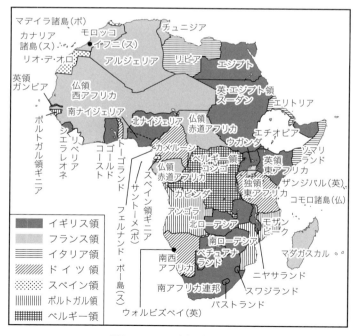

図1　アフリカ分割（1914年）

1884年から85年にかけて開催されたベルリン会議[※4]は，その典型です。ベルリン会議をひとつの契機として，列強諸国はアフリカ分割をさらに進め，地図のうえに人為的な境界線を引いて互いの勢力範囲を確定していきました。現在のアフリカの地図をみると不自然なほど真っ直ぐな国境線が引かれていますが，これは帝国主義時代のアフリカ分割の名残です。

　列強諸国の競存体制は，反帝国主義運動の鎮圧という場面でもみられました。普段は競合する国々が一致団結して，帝国主義に抵抗する運動を押しつぶすことがあったのです。その最たる例が，本章の冒頭でも触れた義和団の鎮圧です。当時，義和団は列強の帝国主義的侵略を批判することで，支持者を増やしていました。「扶清滅洋」（清を助けて西洋を滅ぼす）を唱えて1900年に北京に入ると，同年6月には清朝政府も義和団支持に転じて列強諸国に宣戦布告します。

図2　義和団鎮圧のための8カ国連合軍兵士
左から4番目がインド兵。

※4　ドイツのビスマルク（Otto von Bismarck, 1815～1898）の提唱により開かれ，アフリカでの航行・貿易の原則，奴隷貿易の禁止，沿岸部の植民地化に関するルールが合意された。また，ベルギー王レオポルド2世の私領としてのコンゴ自由国の建設が承認された。

1．帝国主義の時代　13

これに対して，中国に権益を有していた列強8カ国[※5]は連合軍を組織して義和団討伐に乗り出しました。普段はライバルであるにもかかわらず，反帝国主義を唱える民衆運動から自国の利権を守るという目的のもとで各国は協調したのです。この連合軍には日本も参加しました。日本は他の大国とともに義和団鎮圧のための戦いに参加することで，列強の一員としての地位を固め，さらなる帝国拡大への道を歩んでいきます。

　義和団事件についてもうひとつ注目すべきは，連合軍に参加した将兵たちのプロフィールです。このなかには，イギリス軍の主力を担ったインド兵など，アジアの植民地出身の兵士たちも多く含まれていました。義和団と連合軍の戦いは，アジア人どうしの戦争という側面もあったのです。このように支配される側の人々が他地域の同じような境遇の人々に対して暴力を行使するという構造も，帝国主義の特徴でした（後述）。

（2）誰が帝国を支えたのか：労働と移民

●

　それでは，帝国主義がどのようなものであったのかについて，具体的なテーマに即してみていきましょう。経済的利益の獲得は，帝国支配の主目的のひとつでした。帝国支配国は征服地を開拓し，資源を開発したり価値の高い商品を作って売ったりすることで富を蓄えようとしました。そのためには安くてよく働く労働者が必要でしたが，そうした労働者はしばしば他地域から輸入されました。帝国の富の増大と経済発展は，移民労働者に頼る部分が大きかったのです。しかし，移民労働者はしばしば過酷な経験をします。以下では，主に移民労働者の視点から帝国

主義の現実をみていきますが，そのためには近代における移民労働の先例から話を始める必要があります。

奴隷貿易と奴隷制

　1745年，イギリス西部の港町リヴァプールの商人ジョゼフ・マネスティは，貿易で使用する船の建造を発注しました。船体には最高品質のオーク材を使用する，船倉の深さは10フィート（約3メートル）で上甲板と下甲板の間は5フィート（約1.5メートル）とする，堅牢で耐久性の高い船にするために厚い板材を用いる等々，細かい指示をもとに船が造られたようです。マネスティこだわりのこの船は，いったいなにを運ぶためのものだったのでしょうか。答えは，奴隷です。船はイギリスの港を出港し，まず西アフリカに向かいます。アフリカに着くと，イギリスからもち込んだ綿織物，武器などを売却し，アフリカ人奴隷を購入します。次に，奴隷をアメリカ大陸や西インド諸島の植民地で売却し，そこで奴隷が生産した砂糖や綿花などを買い付けてイギリスに戻ります[6]。この大西洋三角貿易は，莫大な利益をイギリスにもたらしました。

　16世紀から19世紀にかけて，ヨーロッパおよびアメリカ大陸の諸国はこぞって奴隷貿易に従事しました。大西洋奴隷貿易で取引された奴隷の数は合計で約1250万人にのぼるとされます。アフリカから大西洋の対岸に運ばれた奴隷の多くは，アフリカ人どうしの抗争で捕虜となった人々か，アフリカ人社会でなんらかの罪を着せられた人々だったと言われています。それゆえ，奴隷貿易の責

※5　イギリス，アメリカ，フランス，ドイツ，ロシア，イタリア，オーストリア=ハンガリー，日本の8カ国。

※6　18世紀半ば以降は，植民地の物産を購入せずにそのままイギリスに戻る船が増えた。

1. 帝国主義の時代　15

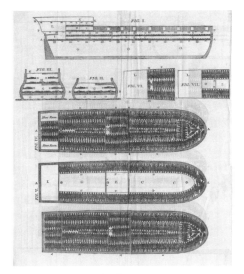

図3　奴隷船「ブルックス」号

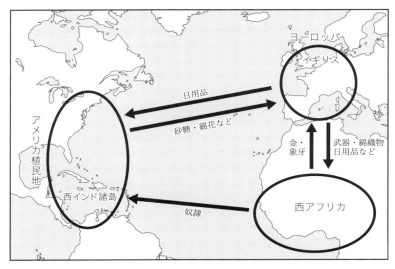

図4　大西洋三角貿易（18世紀）

任をアフリカ人に押し付ける論者もいますが，それは一面的な理解です。むしろ，ヨーロッパ人が奴隷貿易を本格的に開始したことがきっかけとなり，アフリカ人の間で奴隷が高価な「商品」であるという認識が生まれた結果，奴隷狩りが激化したのです。「奴隷船来なけりゃ，奴隷採りいかないよ」[7]という当時のアフリカ人の言葉は，このことを証明しています。

　奴隷船に載せられたアフリカ人には，過酷な運命が待っていました。「海に浮かぶ牢獄（ろうごく）」とも言われる奴隷船の内部では，自由に行動することはおろか，狭い空間に押し込められて身動きもままなりません。あまりに劣悪な待遇に，反乱を企てる奴隷もいました。しかし，ほとんどの場合そうした試みは失敗に終わり，捕まった奴隷たちは乗組員から激しい暴力を加えられました。この他にも，感染症にかかった奴隷は，船内での病の拡大を防ぐために生きたまま海に投棄されることもありました。海に投げ込まれた奴隷はサメの餌食（えじき）になったという記録が多く残されています。また，女性奴隷たちは，船員らによる性暴力の脅威にもさらされました。あまりにも過酷な環境に，精神に異常をきたす者，自らの運命を悲観して餓死を選ぶ者，甲板から身投げして自殺を図る者もいたそうです。奴隷船で運ばれた奴隷のうちの約15％が，航海中に死亡しました。それでも，奴隷たちは，互いに励ましあったり集団で歌を歌ったりすることで絆（きずな）を深め，独自の仲間意識を作ろうとしました。

　長い航海を終えて目的地に到着すると，そこには奴隷主たちが待ち構えていました。奴隷主は運ばれてきた奴隷を品定めし，購入したうえで，個々の農園に引き取りました。奴隷船の旅路で互いに絆を深めあったアフリカ人たちは，異

※7　レディカー（2016），90頁より再引用。

1. 帝国主義の時代　17

なる奴隷主に売却されて離ればなれになると知り，再び悲嘆に暮れたそうです。
奴隷となったアフリカ人たちは，砂糖や綿花を生産する農園で過酷な労働に従
事させられました。奴隷制に依拠した農園は，ヨーロッパやアメリカで人気の
商品を生産・供給し，近代における資本主義と世界経済の発展を支えていくこ
とになります。

帝国主義と移民労働

　19世紀になると，奴隷貿易と奴隷制は批判の的となり多くの国で廃止されま
した。それまで奴隷労働に依存していた地域では，奴隷に代わる新たな労働力
が必要となりました。ここで白羽の矢が立ったのが，インド人と中国人でした。
イギリスが支配するインドからは，多くの人々が世界各地のイギリス植民地に
送られました。インド人移民労働者は，奴隷の代わりとして農園での労働や鉱
山の開発，鉄道建設の現場などで用いられました。

　インド人と並行して，中国人も労働者として世界各地で使役されるようにな
ります。以下では，アメリカに渡った中国人移民について詳しくみてみましょ
う。中国南部では，19世紀中頃までに，人口増加や物価高騰により農村から都
市への人口移動がおこりました。さらに，アヘン戦争[8]や太平天国の乱[9]といっ
た動乱が発生すると，生計を立てるために海外での出稼ぎ労働に活路を見いだ
す者が増え始めました。一方，「明白な天命（Manifest destiny）」というスロー
ガンのもとで北米大陸を西進して領土を拡大していたアメリカでは，征服地の
開拓のために常に労働力が必要とされていました。19世紀半ばにカリフォルニ
アで金が発見されてゴールド・ラッシュがおこると，鉱山採掘に必要な労働力
への需要がさらに高まります。これに応えるかたちで，多くの中国人が海を渡

図5　アメリカの大陸横断鉄道完成を祝う労働者たち
多大な貢献にもかかわらず，記念式典の写真に中国人労働者の姿はみえない。

り金鉱山で労働するようになりました。その後も，中国人労働者は大陸横断鉄道の建設現場や，西部の都市における工場・作業場などで活用されました。

　多くの中国人移民にとって，アメリカでの生活は厳しいものでした。移民の圧倒的大部分は男性で，安い賃金で長時間の重労働に従事させられました。女性の移民はごく少数でしたが，その一部は売春目的で連れてこられて，中国人

※8　イギリスはインド産アヘンを中国に輸出し，中国からの茶の輸入に必要な銀を稼いでいた。1839年，清の欽差大臣林則徐（1785〜1850）がイギリス商人からアヘンを没収するなど強硬策をとると，翌年イギリスは軍を派遣して清軍を打ち破り，42年に南京条約を結んだ（第一次アヘン戦争）。1856年，清によるイギリス船籍の小型船アロー号の取り締まりを口実として，イギリスはフランスとともに再び出兵した。清は降伏し，60年に北京条約が結ばれた（第二次アヘン戦争［アロー戦争］）。

※9　1851年に洪秀全（1814〜1864）を指導者とする拝上帝会が挙兵して，太平天国を建てたことに始まる。「滅満興漢」を掲げて，清朝打倒を目指した。一時，南京を占領したが，内紛や漢人官僚が組織した義勇軍および外国人が率いる常勝軍の反撃にあい，太平天国は64年に滅亡した。

1. 帝国主義の時代　19

や白人相手の「性奴隷」として搾取されました。中国人移民たちのほとんどは労働契約期間が終わると帰国しましたが，アメリカに残ることを選択した中国人もいました。これらの人々は，その後さらなる困難に直面しました。1870年代に不況が到来すると，中国人移民は白人の仕事を奪う存在として非難の対象になりました。1882年に排華移民法（Chinese Exclusion Act）が制定されると，中国からの移民は制限され，アメリカに残留した中国人は「帰化不能外国人」としてアメリカの市民権を取得することができなくなりました。1882年排華法の意義はこれにとどまりません。この法律により確立した，人種を理由に特定の人々への市民権付与を拒んでもよいという原則に基づき，アメリカ南部諸州が黒人住民（その多くは元奴隷）から実質的に市民権を奪い，人種隔離体制を築いていったからです。この体制は20世紀後半の公民権運動により撤廃されましたが，人種差別が現在に至るまでアメリカを悩ませる問題として残っていることは，みなさんもご存じだと思います。

　中国人移民の問題は，帝国主義とそのもとでの列強の競存関係とも密接にかかわっています。まず，移民の導入はアメリカの帝国的膨張とリンクしていました。現在のアメリカ西部は，先住民の追放や他国との戦争によって征服された土地であり，まさしくアメリカの帝国的拡大の過程で領土に組み込まれた地域と言えます。そのような土地で，白人が支配するアメリカの国作りを支える低賃金労働者として中国人は用いられたのです。

　第二に，人種に基づく移民の規制という動きはこの時期にアメリカを含む世界各地でほぼ同時に始まり，さらにそれらは相互に関連していました。アメリカと同じく多数の中国人移民が到来していたイギリス植民地のオーストラリア[10]，ニュージーランド，カナダなどでも，アメリカの動きと連動しつつ，

1870年代から80年代にかけて中国人移民の排除を求める声が高まりました。例えばカナダでは，太平洋鉄道完成のための労働力として中国人移民が導入されましたが，やがて「白人の職を奪う」存在，不衛生で不道徳な人々というイメージが広がり移民排斥の動きが強まりました。そうしたなかで，1896年にアメリカ議会が，移民に母国語の識字能力試験を課して合格者のみに入国を許すという法案を可決します。これは，文字を読めない，つまり教育を受けていない移民を排除するための法案でした（クリーヴランド大統領が拒否権を行使したので法律にはならなかった）。増加するアジア系（中国系やインド系など）移民を制限したいと考えていたイギリスとその植民地は，アメリカの事例に注目します。こうして，南アフリカのイギリス植民地ナタールがヨーロッパ言語の識字能力がない移民の上陸を禁じる法律を制定すると，イギリス本国の植民地大臣ジョゼフ・チェンバレン（Joseph Chamberlain, 1836〜1914）はナタールのやり方を賞賛し，他の植民地にも同様の規則を設けることを奨励しました。オーストラリアは1901年に書き取りテストに基づく移民制限を導入し，以後，非白人移民を排除することで白人社会を維持する白豪主義を推し進めていきます。ニュージーランドやカナダも同様の法律を定めて，アジア系移民の流入を阻止しようとしました。非白人たちは帝国建設のための安価な労働力として搾取されましたが，それが脅威として受け止められるようになると，支配者たちは互いに学びあいながら移民労働者の流入を制限しようとしたのでした。

※10 当時は，ニュー・サウスウェールズ，タスマニア，西オーストラリア，南オーストラリア，ヴィクトリア，クイーンズランドなどの植民地に分かれていた。1901年にこれらの植民地が合同し，オーストラリア連邦が成立した。

1. 帝国主義の時代　21

(3) 帝国主義と暴力

●

戦争と暴力

　次に，帝国主義と暴力の問題をみていきましょう。帝国主義が征服と支配を目的とする運動である以上，それは暴力と分かちがたく結び付いていました。帝国主義の暴力的性格が最も先鋭的に現れたのは，戦場においてでした。1899年10月，イギリスと南アフリカのブール人（Boer）共和国の間で南アフリカ戦争※11が勃発しました。典型的な帝国主義戦争とも評されるこの戦争で，イギリスはゲリラ戦術をとるブール人の抵抗に手こずることになります。ゲリラ戦への対抗手段として，イギリス軍はブール人の家や農場を焼き払う焦土作戦を実行する一方で，それによって生活の拠点を奪われたブール人の女性や子どもを強制収容所に隔離し，民間人がゲリラ戦を継続するブール人兵士を支援するのを阻止しようとしました。収容所内では，不衛生な環境，栄養不足，医療体制

図6　南アフリカ戦争の強制収容所でのブール人

の不備などにより，2万8000人あまりのブール人が死亡しました。これとは別に，イギリス軍はアフリカ人を対象とする強制収容所も建設しました。南アフリカ戦争はイギリスとブール人の間の「白人の戦争」と呼ばれていましたが，実際には両軍ともに多数のアフリカ人をスパイや偵察，物資運搬などの目的に使用していました。アフリカ人収容所には，イギリス軍の焦土作戦によって生活基盤を失った人々が集められました。収容所内のアフリカ人は農作業を行い自給自足の生活をするとともに余った食料をイギリス軍に売却することを求められました。また，イギリス軍や民間業者のための労働力として徴用されることもありました。ブール人収容所と比べてアフリカ人収容所に割りあてられた予算や人員は少なく，流行病などにより1万4000〜2万人のアフリカ人が死亡したとされます。

　ゲリラ戦に対抗するための強制収容所の設置という手法は，同じ時期に他の帝国でも用いられました。1895年にスペイン領キューバで独立戦争が始まると，ゲリラ戦を展開する反乱軍に対して，スペイン軍は武装勢力から民間人を切り離すために強制収容所を建設しました。収容所には約50万人のキューバ人が集められ，このうち10万人以上が病気や飢えで命を落としたと言われていま

※11　17世紀にオランダ東インド会社がケープ植民地を建設すると，オランダをはじめとするヨーロッパ諸国から移民が入植した。これらの移民とその子孫たちは，やがてブール人と呼ばれるようになった（のちにアフリカーナーと自称するようになる）。19世紀初頭にイギリスがケープの支配権を握ると，一部のブール人はケープを離れ，内陸部にトランスヴァール（正式名称は南アフリカ共和国，1852年）とオレンジ自由国（1854年）を建国した。1899年，イギリスの干渉を受けたトランスヴァールは，オレンジ自由国と結びイギリスに宣戦布告した。ブール人の粘り強い抵抗により戦争は長期化したが，イギリスは45万もの兵員と2年半の歳月をかけてようやく勝利し，1902年5月に講和条約が結ばれた。これにより，南部アフリカでのイギリスの覇権が確立した。

1. 帝国主義の時代　23

す。さらに，強制収容所は南アフリカ戦争と同時期におこったアメリカ=フィリ
ピン戦争でも設置されました。スペイン領フィリピンでは1896年に独立を求め
る戦いが始まり，フィリピン共和国が樹立されます。しかし，1898年の米西戦
争[12]で勝利を収めたアメリカがフィリピンの植民地化を図ると，フィリピン共
和国とアメリカの間で戦いが勃発しました。ゲリラ戦術をとるフィリピン側に
対抗すべく，アメリカ軍もまた現地の村を焼き払い村人を殺害する焦土作戦を
とりました。当時のあるアメリカ軍指揮官は部下に対して，「捕虜はとるな。敵
を殺し，建物を燃やせ。多ければ多いほどよい」[13]と命じたそうです。それでも
不十分だと分かると，約30万人のフィリピン人を強制収容所に集め，そのうち
の1万人あまりが主に病気で死亡しました。

　帝国主義の時代に行使された軍事的暴力の極致とも言える事例が，ドイツ領
南西アフリカ（現在のナミビア）で20世紀初頭におこった戦争です。この地に
は，中部に主としてヘレロ（Herero）と呼ばれる人々が，南部にナマ（Nama）
と呼ばれる人々が住んでいましたが，ドイツが1884年に植民地化すると，やが
て白人入植者が土地を占有するようになります。1904年，植民地当局による一
方的な土地の囲い込みに不満をもったヘレロが武器を取って立ちあがりまし
た。これに対して，ドイツ軍はヘレロの集団に一斉攻撃を仕掛け，逃走した人々
を砂漠の方面に追いやり，水場を押さえたうえで逃げ道を封鎖したので，砂漠
に閉じ込められたヘレロは次々と息絶えていきました。その後，ドイツ軍指揮
官はヘレロの「絶滅」を命令し，見せしめとして捕虜を処刑したり，生存する
ヘレロの姿がみえなくなるまで砂漠の封鎖を続けたりしました。

　ヘレロと戦っている最中，今度は南部でナマが立ちあがりドイツ軍との戦闘
を開始します。ドイツ軍は「ヘレロ絶滅」をあきらめ，代わって強制収容所を

設置して捕虜となったヘレロたちを隔離することで蜂起の拡大を抑えようとしました。収容所に捕らえられたアフリカ人たちには労働が強要され，衣食や住居も不十分だったため，収容者の3〜5割が死亡したとされます。また，首都に置かれた収容所には女性のみが集められ，兵士らによる性暴力の対象となりました。1908年（ドイツによる公式の終戦宣言は1907年3月）まで続いたこの戦争で，ヘレロの全人口の8割，ナマの5割が命を落としたと主張する歴史家もいます。

　さらに注目すべきは，ここでも帝国支配国どうしの協調がみられたことです。ドイツ領南西アフリカの東部と南部に隣接する地域は，当時イギリスの支配下にありました。戦争中，一部のヘレロとナマはイギリス領に逃げ込みましたが，イギリスの植民地当局はそれらの人々を居留地で管理したりドイツ軍の要請を受けて殺害したりしました。また，逃亡したヘレロとナマを追跡するドイツ軍が植民地の境界を越えて侵入してきたときも，謝罪のみで事を収めています。

日常世界での暴力

　暴力は戦時に特有のものではありません。それは，日常世界にも満ちあふれていました。イギリス領インドでは，19世紀後半以降，東北部のアッサムで茶の栽培が盛んになり茶農園が多く開かれました。農園で重労働を担ったインド人に対して，白人管理人たちはしばしば暴力的に振る舞いました。暴力を通じ

※12　キューバの独立運動をめぐる対立から，アメリカがスペインに宣戦布告して始まった。アメリカが勝利し，フィリピン，プエルトリコ，グアムの領有権を得た。キューバ独立も認められたが，アメリカはキューバを実質的な保護国とした。

※13　Hyslop（2011），261頁より再引用。

1. 帝国主義の時代　25

図7　アッサム地方の茶農園での労働（19世紀末〜20世紀初め頃）

てインド人労働者に白人に対する恐怖心を植え付け，労働を強制しようとしたのです。殴打，むち打ち，監禁，手錠による拘束などは農園での日常風景でした。しかし，こうした暴力が法によって裁かれることはほとんどありませんでした。現地の役人はイギリス人農園主と親密で，暴力の被害者よりもむしろ農園主の側を守ろうとしたからです。その一方で，労働者が反抗して暴力沙汰をおこした場合，当事者は裁判にかけられて絞首刑や禁固刑などの重い判決を受けました。植民地インドでは，法はしばしば支配される側を保護するのではなく，支配する側の利益を守るものとして機能したのでした。しかし，19世紀末以降，インド人の政治組織であるインド国民会議派（Indian National Congress）[※14]が茶農園での労働者の問題を取りあげ，そこでの劣悪な待遇を批判するようになります。労働者に寄り添う姿勢をみせることで，会議派はインド人民衆の間で支持を拡大していきました。

暴力の重層性

　帝国主義の時代には，支配される側の人々が，自らの同胞や同じく植民地支配下にある人々に対して暴力をふるうこともありました。その主体となったのが，植民地の現地住民からなる兵士たちでした。フランスは，1857年にかつて奴隷貿易の拠点であったセネガルで現地人部隊を組織しました。セネガル狙撃兵部隊として知られるようになるこの部隊は，帝国主義時代の征服戦争や反乱鎮圧に積極的に投入されました。フランスと同様，イギリスも多くの植民地で現地住民からなる部隊を有していましたが，その最も著名な例はインド軍で

図8　セネガル狙撃兵（19世紀末）

※14　1885年にボンベイ（現在のムンバイ）で結成。当初は穏健なエリート層の組織だったが，次第に反英民族運動の中心になっていった。

しょう。インド軍は主に白人の将校とインド人の兵士からなり，常時15万から20万の兵員を擁する巨大な軍隊でした。インド軍は植民地インドの治安維持と防衛を任務とする他に，アジア・アフリカの戦地に派遣されてイギリス帝国のために戦うこともありました。先述した義和団事件でイギリス軍の主力として戦ったのは，まさにこのインド兵たちでした。インド兵の多くは北西部やネパールの出身でした。これらの地域は教育の整備が遅れており，イギリスは「愚かだが従順な人々」であれば兵士として扱いやすいと考えて同地で集中的に採用活動を行いました。

　日本の保護下にあった朝鮮では，1908年に憲兵補助員という制度が創設されました。当時の朝鮮では義兵闘争※15という武装蜂起が盛り上がりをみせていました。日本は朝鮮人からなる憲兵補助員を採用し，朝鮮人を用いて朝鮮人の蜂起を鎮圧しようとしたのです。武器を与えられた憲兵補助員が反乱をおこすのではないかという懸念もありましたが，欧米諸国も植民地住民を兵士として用いていることを根拠に部隊設置が決まりました。ここでも，帝国支配国が互いに学びあう姿がみられます。憲兵補助員には，第三次日韓協約による軍解散で失職した元韓国軍兵士，農民，巡査，無職者などが応募しました。これらの人々が応募した主な理由は貧困で，相対的に賃金が高い憲兵補助員は魅力的でした。憲兵補助員のなかには，同胞に対して暴力をふるうことに対する自責の念を抱えながら職に就いた者もいたそうです。その一方で，権力を笠に着て横暴を繰り返す者もおり，彼らは同じ朝鮮人の民衆から憎悪されました。とはいえ，日本も憲兵補助員を完全に統制できたわけではなく，その一部からは義兵闘争に合流して反日蜂起に加わる者も出ました。

　以上にみてきたように，帝国支配が行われた現場は暴力に満ちあふれていま

した。抵抗は力で押さえ込まれ，そこにはしばしば支配される側の人々も動員されました。まさに暴力は帝国主義の本質であったと言えるでしょう。

（4）「劣った人々」を「文明化」？：帝国意識

●

　1885年7月，フランス第三共和政期の著名な政治家で当時首相の座にあったジュール・フェリー（Jules Ferry，1832〜1893）は，議会で演説をしました。フランスの植民地拡大を推進してきたフェリーは，次のように発言します。「率直に言いましょう。現実問題として，優れた民族には，劣った民族に対する権利があるのです。…（中略）…優れた民族には義務があるからです。つまり劣った民族を文明化する義務があるのです」[16]。フェリーの言葉にみられるような，支配する側に属する人々が帝国支配を当然のものと見なす感覚を帝国意識と言います。帝国意識はさまざまな要素から構成されていますが，そのひとつが人種を根拠に支配される側を見下して侮蔑することを正当化する論理，すなわち人種差別でした。

人種差別

　人種差別は世界各地に存在しますが，ここでは主に白人たちの差別意識をみ

※15　19世紀末の蜂起に始まる反日武装闘争。日露戦争を機に日本による朝鮮の植民地化が進むなかで，一般民衆をも巻き込むかたちで拡大していった。とくに第三次日韓協約締結後に軍隊が解散されると，元兵士たちが加わり激しさを増した。

※16　平野（2002），150〜151頁より再引用。

1. 帝国主義の時代　29

ていきたいと思います。ヨーロッパでは啓蒙思想※17の登場以降，人類をさまざまな特徴に基づき「人種」に分類する試みがなされるようになります。まず，啓蒙思想のキーワードである「理性」を基準に，それを既に獲得した人間集団／人種と，それをいまだ十分に獲得したとは言えない人間集団／人種に分け，理性という物差しに即して人種間の発展度合いを測る考え方が現れます。19世紀初頭には，フランスのジョルジュ・キュヴィエ（Georges Cuvier, 1769～1832）が白人を最上層，黒人を最下層に置く人種の序列を唱え，のちの人種主義に影響を与えました。19世紀後半以降は，人種の違い，優劣を絶対的なものとして，白人を「文明と進歩」を体現する肯定的存在，その他の人種を「野蛮，堕落，停滞」を体現する否定的存在と見なす思想が帝国支配国の内部で強まりました。そうしたなかで，人種差別に大きな影響を与えたのが進化論でした。19世紀中頃にチャールズ・ダーウィン（Charles Robert Darwin, 1809～1882）が進化論を発表すると，そこで唱えられた生存競争や自然淘汰という概

図9　黄禍論

念を人間社会に適用して社会の進化を説明する社会ダーウィニズム（Social Darwinism）が登場します。やがて社会ダーウィニズムからは，異なる国家間や人種間の競争を通じて優れた者のみが生き残り劣った者は滅びる（適者生存）という理論が生まれ，列強諸国の植民地争奪戦や「優れた人種（＝白人）」による「劣った人種（＝非白人）」の支配を正当化する思想として帝国主義を下支えしていくことになりました。

　このような人種の理論が，人種差別の形成と普及において重要な役割を果たしたことは間違いありません。しかし，人種差別という問題を，それが実際に行われた現場に即して考えてみると，そこでは非白人の政治的・経済的台頭や白人の「退化」が現実的脅威として受け止められ，そうした脅威や不安へのリアクションとして人種差別や他人種への敵対意識が強まっていくということがみられました。19世紀末から20世紀初頭のアメリカやオーストラリアなどでは，先に述べたアジア系移民に対する規制強化とも連動しつつ，黄色人種（アジア人）を脅威と見なす黄禍論が台頭します。日清・日露戦争に勝利して帝国拡大を推し進める日本の動向も，太平洋沿岸の白人支配地域では不安をもって受け止められ，黄禍論の拡大とアジア人に対する差別の強化を促しました。

　人種差別の対象となったのはアジア人やアフリカ人などの非白人だけではありませんでした。帝国主義の時代には，白人と現地人の間に生まれた混血の人々も蔑視されるようになっていきます。混血の人々に対するネガティブなイメー

※17　17世紀後半のヨーロッパで近代自然科学が成立すると，人間と自然が普遍的な法則に支配されているという考えが現れた。やがて，そうした法則や世界の秩序を理解する人間の理性を信頼し，理性を通じた人間の進歩を強調する思潮が広がった。これを啓蒙思想と言う。啓蒙思想を背景に，ヨーロッパでは，伝統的な制度や権威を批判し，政治，経済，教育などの分野で理性に基づく改革を目指す運動が現れた。

1. 帝国主義の時代　31

ジは，最初からあったわけではありません。植民地において，異人種間の性関係や結婚はごくあたり前のものでした。とくに植民地化の初期段階では，入植者の大部分は労働や商売を目的とする独身男性であり，彼らにとって現地人女性と家族を作ることは自然の選択でした。オランダ領東インド（現在のインドネシア）では，植民地統治を担う東インド会社が，白人男性従業員がアジア系女性と内縁関係を築くことをむしろ奨励していました。男性従業員の結婚相手となる白人女性をヨーロッパから連れてくるのはコストがかかりますし，現地人女性と家族を作った男性従業員は，家族のためにアジアに残り，長く会社のために働いてくれると期待されたからです。19世紀後半の時点で，白人男性のほぼ半分が現地人女性と内縁関係を結んでおり，白人の父と現地人の母の間に生まれた混血の子どもは白人と見なされることもありました。もっとも，内縁関係にある白人男性と現地人女性の立場は対等ではなく，現地人女性はあくまでも白人男性の「使用人」として扱われ，家事と性的サービスを提供する一方で，いつでも「解雇」される危険にさらされていました。

しかし，帝国主義の時代に厳格な人種間の上下関係が強調されるようになると，白人の優越性と一体性が強く意識されるようになります。オランダ領東インドでも白人どうしの結婚が奨励され，現地人女性との内縁関係やそこから生まれた混血の人々は白人の「退化」をもたらすものとして非難されるようになりました。こうして，性と家族というプライベートな領域までもが，植民地権力の監視と管理のもとに置かれるようになりました。

文明化：教育と開発
帝国を支配する側の人々はしばしば，支配下にある「未開」で「野蛮」な人々

に新しい知識や価値観を教えることでそうした人々の進歩を助けているのだと主張して，帝国主義を正当化しようとしました。こうした思想は「文明化の使命論」と呼ばれ，その具体的な意味内容は時代や国によってさまざまですが，帝国意識を構成するいまひとつの重要な要素でした。文明化の使命論には，自らの価値観，生活スタイル，思想，言語などを植民地に普及させることで，植民地住民の宗主国に対する忠誠心を涵養し，帝国の統合を強化するという狙いもありました。

　文明化の使命の主要な舞台となったのは，学校です。ここでは，日本の事例をみてみましょう。日清戦争で日本が獲得した台湾(タイワン)では，1898年に初等教育制度が制定されました。これにより，台湾在住日本人向けの小学校とは別に台湾人向けの公学校が設置され，民族別教育が行われることになりました。その後，1904年に新公学校規則が制定されると，公学校での日本語教育が重視され，日本語の習得を通じて台湾人に日本帝国の一員としての自覚を植え付けることが

図10　「文明化の使命」

1．帝国主義の時代　33

目指されました。他方で，帝国内部において台湾人は差別的立場に置かれました。台湾人には日本人が有する政治的権利は与えられていませんでしたし，日本人と台湾人の間の結婚も禁止されていました。教育を通じて日本帝国に対する台湾人の帰属意識と忠誠心を強化しようとする一方で，日本人は支配者である自らと被支配者である台湾人の間に明確な線引きをしようとしたのです。

　同じことは朝鮮にもあてはまります。日本統治下の朝鮮では，台湾と同様に民族別教育が原則であり，教育内容でも日本人と朝鮮人の間で差別化が図られました。1906年の普通学校令は，朝鮮人向け初等学校の名称を小学校から普通学校に変え，日本語教育を重視するカリキュラムを定めました。普通学校という名称は，それが小中高大という進学体系をもつ日本の小学校とは異なるものであることを明示しています。あわせて，初等教育の修業年限が6年から4年に引き下げられましたが，その背景には，イギリス領インドなどの事例を参考に，植民地の人々の教育は宗主国の人々のそれよりも短くて構わないという発想がありました。韓国併合の翌年1911年には第一次朝鮮教育令が公布され，4年制の普通学校と4年制の高等普通学校を核とする教育制度が作られました。高等普通学校は中等教育機関と位置付けられましたが，そこでは実学教育をベースとするカリキュラムが組まれ，教養教育を重視する日本国内の中学校との差異化が図られました。学校では日本語による教育が重視され，教育勅語の朗読などを通じて，日本帝国に対する忠誠心の涵養が目指されました。このようにして朝鮮人に帝国臣民としての自覚を促す一方で，日本は朝鮮人に日本人と同等の政治的権利を与えることには消極的でした。

　もっとも，文明化の手段としての教育は，諸刃の剣でもありました。学校教育を受けた植民地住民のなかからは，宗主国の言葉や文化と同時に植民地支配を

批判する思想も学び，やがて帝国主義への抵抗運動に身を投じていく人々が多く出たからです。帝国主義への抵抗については次章でみます。

　文明化のもうひとつの軸は，開発です。帝国主義の時代は，交通や情報通信技術の発達に伴いグローバル化が進展した時代でした。その象徴は鉄道です。鉄道は1870年代から第一次世界大戦開始までの時期に，全世界で総延長距離が21万キロメートルから110万キロメートルに増えました。植民地でも大規模な鉄道建設事業が行われるようになります。また，水上輸送では蒸気船が帆船に取って代わり，世界各地をより早く確実に結ぶことが可能になりました。さらに，海底ケーブルを用いた電信の普及により，情報交換のスピードは飛躍的に増しました。こうした事業はたしかに植民地の人々に新しい移動・通信手段を提供し，その行動範囲と経済的機会を広げることに貢献しました。しかし，忘れてはならないのは，そうした事業の主目的が植民地支配の強化にあったということです。例えばイギリス領インドの鉄道は，港湾都市と内陸部を接続することでインド全体を世界経済に結び付ける一方で，インド領内での軍隊の移動を容易にしてより効率的な植民地の治安維持を可能にするものでもありました。

　さらに，開発は思わぬ副作用も引きおこしました。19世紀後半から20世紀にかけてのインドでは，飢饉による栄養失調にマラリアなどの感染症が重なり，多くの死者が出ました。その一因となったのが開発です。まず，鉄道や道路の発達は人のみならずウイルスや病気を媒介する生物の移動範囲を広げ，疾病の拡大につながりました。加えて，この時期に盛んに行われた灌漑設備の開発も，マラリア拡大の一助になったと指摘されています。水を引くための用水路に新たにマラリア感染を媒介する蚊が生息するようになり，マラリア感染地域が広がったのです。マラリアは，植民地支配下で貧困に苦しみ栄養状態の悪いイン

1. 帝国主義の時代　35

ド人の命を次々と奪っていきました。

（5）第一次世界大戦と帝国支配

●

　20世紀に入ると，ヨーロッパ列強どうしの対立が深まっていきます。1914年，ドイツ，オーストリアからなる同盟国とイギリス，フランス，ロシアからなる協商国の間で第一次世界大戦が始まります。主戦場はヨーロッパでしたが，のちにオスマン帝国とブルガリアが同盟国側に，日本，イタリア，アメリカなどが協商国側に加わることで，戦争は世界各国を巻き込む大戦争に発展していきました。

　帝国支配国間の戦争では，植民地もまた戦場になります。アフリカ大陸では，ドイツ植民地のトーゴランド，カメルーン，南西アフリカ，東アフリカ（タンザニア）を舞台に，ドイツ軍とイギリス・フランス軍の間で戦闘が行われました。アジア・太平洋地域でも，イギリスの同盟国日本が，ドイツ領マーシャル，マリアナ，パラオといった太平洋の島々を占領し，中国大陸ではドイツ租借地の青島を攻め落としました。

　第一次世界大戦は，参戦国が国民と資源を戦争のために総動員する総力戦になりました。植民地も宗主国の総力戦体制に組み込まれていきます。イギリス帝国では，インドから150万人の兵士が集められ，このうち100万人あまりは当初ヨーロッパに送られてイギリスのために戦いました。アフリカの植民地からも100万人あまりが動員され，主に物資運搬などの仕事に用いられました。フランスも植民地の人々を戦争のために大量に動員しました。非白人と白人を

あわせて45〜50万人がヨーロッパで戦い，20万人以上の人々がフランス本国で労働に従事しました。

　戦争を勝ち抜くために，帝国支配国はさまざまな勢力の利用を試みます。イギリスはオスマン帝国を内部から突き崩すために，アラビア半島西部を統治するフサイン（Ḥusayn ibn ʿAlī, 1853頃〜1931）に対してオスマン帝国との戦争に協力すればアラブ独立国家の創設を認めると約束しました（1915〜16年，フサイン＝マクマホン書簡［Husayn-MacMahon Correspondence］）。その一方で，イギリス外相バルフォア（Arthur James Balfour, 1848〜1930）は，金融界の大物で在英ユダヤ人コミュニティの指導者でもあったロスチャイルド（Walter Rothschild, 1868〜1937）に手紙を送り，イギリスはパレスチナでユダヤ人が民族的郷土（national home）を建設することに賛同すると表明しました（1917年，バルフォア宣言［Balfour Declaration］）。しかしながら，その裏でイギリスはフランスやロシアと戦後の中東を分割する約束をしていました（1916年，サイクス＝ピコ協定［Sykes-Picot Agreement]）。これらの曖昧で相互に矛盾するような内容を含む政策が，現在まで残るパレスチナ問題を引きおこすことになります。

1. 帝国主義の時代　37

2. 戦間期から第二次世界大戦期にかけての帝国支配体制

現在朝鮮民衆はただ民衆的暴力でもって新朝鮮建設の障礙である強盗日本勢力を破壊するのみであると考えるからには，朝鮮民衆を一方，日本強盗を他方とし，相手が亡びなければ己れが亡びることとなる「一本橋」に立っていると考えるからには，我が二千万民衆は一致して暴力破壊の道へと前進すべきである[1]。

　1923年，朝鮮人の民族主義者で当時北京に亡命していた申采浩（1880〜1936）は，「朝鮮革命宣言」という文書でこのような主張を展開しました。申は，第一次世界大戦終結後も変わることのない日本の植民地支配を痛烈に批判し，それを打ち倒すための直接行動を朝鮮の人々に呼びかけたのです。

　世界で1000万人以上の戦死者を出した第一次世界大戦は，1918年に終わりました。翌年，パリ講和会議が開かれ，戦勝国と敗戦国の間で講和条約が結ばれました。一般的に，帝国主義の時代は第一次世界大戦で一区切りついたとされます。しかし，うえに引用した申の言葉が示すように，第一次世界大戦により帝国主義世界体制が完全に崩壊したのかというと，そんなことはありませんでした。たしかにドイツなどの敗戦国は植民地を失いましたが，支配される側からすれば，搾取と暴力を基調とする帝国支配は以前と変わらず続いたのです。

※1　並木（2006），103頁より再引用。

（1）継続する帝国支配

●

労働と帝国支配

　支配される側の人々が帝国の発展のための安価な労働力として用いられる構造は，変わりませんでした。19世紀の中国人移民労働者と同様，そこではしばしば地域を越える労働者の移動がみられました。南部アフリカのポルトガル領モザンビークでは，多くのアフリカ人が出稼ぎ労働に従事していました。主要な行き先は，隣接するイギリス領南アフリカ連邦の金鉱山でした。19世紀末に豊かな金鉱脈が発見された南アフリカでは，鉱業が急速に発展しました。鉱山会社は多くのアフリカ人労働者を雇用しましたが，少しでも会社の利益を増やすために彼らの賃金をできるだけ下げようとしました。過酷な労働環境下で命を落とすアフリカ人も多く，統計によるとアフリカ人労働者の約6％が雇用期間中に死亡しており，死因の約4割が鉱山労働に関連する呼吸器系の疾患，とくに肺炎と肺結核でした。金鉱山で働くアフリカ人労働者のかなりの部分を占めていたのが，隣接するモザンビーク出身の人々でした。その多くは生活費や税金の支払いに必要なお金を稼ぐために南アフリカに来たのですが，労働の現場では立場が弱くしばしば最も危険な地下での仕事を割りあてられました。他方で，モザンビークのアフリカ人たちは比較的長期間に渡り鉱山で働くことが多く，経験とスキルを積んでいきました。その結果，金鉱山では必要不可欠な労働者として評価されるようになっていきました。

　モザンビークの植民地当局にとって，アフリカ人移民労働者は貴重な「輸出商品」でもありました。南アフリカへ行くのに必要な許可証や旅券の発行料，

図11 南アフリカ金鉱山の労働者（19世紀末〜20世紀初め頃）
アフリカ人の他，白人や中国系の労働者もいる。

労働契約に関連する手数料などに加えて，アフリカ人労働者が稼いだお金のかなりの部分は税金として植民地当局に納められてその金庫を潤しました。さらに，1920年代に移民労働者への賃金が鉱山会社からポルトガル政府を介して支払われる仕組みができると，ポルトガル政府は鉱山会社から受け取った金とアフリカ人労働者に支払う賃金の差額を懐(ふところ)に収めることで，大きな利益を得ました。その一方で，金鉱山に移民労働者を送り出したアフリカ人社会では，女性たちが独自にアルコールを製造・販売するなどして家計を支えようとしました。

　モザンビークの事例では，鉱山会社を中心に，南アフリカとモザンビークおよびそれぞれの宗主国であるイギリスとポルトガルが共益的な関係にあり，すべての関係者が移民労働から利益を得ていました。アフリカ人は安価な労働力として鉱山会社と南アフリカおよびイギリス帝国の発展に貢献し，彼らが稼いだ賃金や移民労働にかかる事務手数料はモザンビークとポルトガルに富をもた

らしたのでした。

植民地戦争と暴力

　帝国支配国どうしの競存関係は，戦間期の植民地戦争でもみられました。1920年代にスペイン領モロッコでおこったリーフ戦争はその典型です[2]。この戦争で，スペインは他の植民地支配国からさまざまな支援を受けました。北アフリカに利権をもち，現地住民による反植民地運動を警戒していたイギリスは，スペイン軍に武器を供給しました。次いで，1925年にリーフ戦争の影響が中南部モロッコのフランス領にまで及ぶと，フランスは軍を派遣してスペインを援助しました。両国の軍隊は共同でリーフを征服し，リーフ側の指導者アブドゥルカリーム（'Abd al-Karīm, 1882〜1963）は1926年に降伏しました。

　リーフ戦争では，第一次世界大戦で使用されるようになった新兵器が投入されました。ひとつは飛行機で，スペイン軍は市場なども標的に戦闘員と民間人を区別しない空爆を実施しました。もうひとつは毒ガスです。戦場だけでなく空爆の際にも毒ガス弾を投下し，日常生活の拠点を破壊することでリーフの人々の抵抗を押さえ込もうとしました。毒ガスは敵を迅速かつ確実に絶命させる「人道的」な兵器であるとして，スペインはその使用を正当化しました。空爆と毒ガスの使用は，1927年にスペインが戦争終結を宣言するまで続けられました。

　スペイン軍はまた，現地のアフリカ人を兵士として利用しました。その多くは貧困のために入隊したと言われており，彼らの部隊はしばしば最前線で敵に突撃することを命じられ，とくに多くの犠牲者が出ました。現地人兵士は，スペイン人兵士の命と金を節約するために利用されたのです。なお，リーフ戦争で

図12　リーフ戦争
スペイン軍から奪った銃をもつ現地人の指導者。

アフリカ人部隊を率いて名をあげたスペイン人指揮官のひとりがフランコ (Francisco Franco, 1892〜1975) です。その後, スペイン内戦[※3]に勝利したフランコは, 1970年代まで独裁者として君臨することになります。

※2　1904年にスペインはフランスとモロッコを分割し, 北部モロッコを獲得した (12年に保護領化)。しかし, リーフ地方を中心に現地住民の抵抗が始まる。21年, アブドゥルカリームを指導者とするリーフ連合軍がスペイン軍を撃破すると, 体制立て直しを図るスペインと現地住民の間でリーフ戦争が始まった。リーフの人々は「リーフ共和国」と呼ばれる政体を樹立して, スペインに対抗した。

※3　1936年に成立した人民戦線内閣に対して, モロッコ駐留の軍が反乱をおこしたことで始まる。イギリスやフランスが介入を躊躇する一方で, ソ連が人民戦線側を支援し, ドイツやイタリアなどのファシスト諸国がフランコ率いる反乱軍側に味方した。39年に反乱軍側が勝利し, フランコ独裁体制が築かれた。

2. 戦間期から第二次世界大戦期にかけての帝国支配体制　43

（2）自立を求めて：民族運動の展開

　支配する側による搾取と暴力が変わらず続く一方で，戦間期には，それまでの帝国支配体制に修正を迫る動きも出てきました。そのひとつが国際連盟（League of Nations）のもとでの委任統治制度（League of Nations mandate）です。平和の維持を目的に第一次世界大戦後に創設された国際連盟は，ドイツやオスマン帝国など敗戦国の旧領土・植民地の問題を処理するにあたり，主要な戦勝国（英，仏，日など）にそれらの地域の統治を委任しました。これが委任統治制度です。委任統治制度については，戦勝国が敗戦国の領土を分割して自らの植民地に加えたに過ぎないという評価があり，そうした面があることもたしかです。しかし，委任統治を請け負った国々は，対象地域の発展に取り組み，その成果を毎年連盟に報告する義務を負うなど，好き勝手に支配できたわけではありませんでした。列強どうしが勝手に領土を分割してきたそれまでの時代と比べると，委任統治制度は新しい時代の幕開けを象徴しているとも言えます。こうした変化の背景には，植民地における民族運動の高揚がありました。

植民地での民族運動

　帝国主義の時代に列強諸国が領土獲得競争を繰り広げるなかで，植民地では現地住民が団結して自らの地位向上や権利獲得を求める民族運動が現れ始めました。初期の民族運動指導者の多くは，キリスト教会が運営するミッションスクールや公立の学校で宗主国流の教育を受けた知識人で，留学などで外国に旅をした経験をもつ者も含まれていました。旅先で宗主国と故郷（植民地）の格

差を目のあたりにした彼らのなかには、宗主国の繁栄が帝国主義的搾取の結果なのではないかと考え、植民地支配への批判を強めていく者もいました。さらに、第一次世界大戦の経験も民族運動の高揚に貢献しました。とくに戦争に動員されてヨーロッパ戦線で白人とともに戦った植民地兵たちは、白人どうしの果てしない殺しあい、「野蛮な」暴力の応酬を目撃し、宗主国が常日頃から主張してきた優越性に深刻な疑念を抱くようになりました。そうしたなかで、アメリカのウィルソン（Woodrow Wilson, 1856～1924）大統領が提唱した「民族自決」（Self-Determination）の原則は、植民地支配からの自立を夢みる人々を鼓舞しました。しかし、1919年のパリ講和会議では帝国世界体制の維持が確認されて、植民地への独立付与は認められませんでした。失望した植民地の人々は抗議の声をあげ、帝国主義に反対する運動が世界各地で連鎖的に発生しました。1919年3月1日に朝鮮で反日独立を掲げる三・一独立運動[※4]が始まったの

図13　五・四運動

※4　朝鮮全土に広まった反日独立運動。1919年3月1日にキリスト教指導者ら33名が署名した独立宣言書が発表され、ソウルをはじめ各地で宣言書の朗読やデモが行われた。200万人以上が参加したが、日本側の苛烈な鎮圧で多数の死傷者が出た。

2. 戦間期から第二次世界大戦期にかけての帝国支配体制　45

を皮切りに，エジプトでの独立革命[5]（3月9日），インドでのローラット法反対運動[6]（4月），中国での五・四運動[7]が続きます。五・四運動の結果，中国はヴェルサイユ条約への調印を拒否しました。

　しかし，帝国主義に対する批判の盛りあがりにもかかわらず，植民地での民族運動はしばしば統一性を欠き，目的を達成することができませんでした。その理由としては，まず民族運動の目的が多様だったことがあります。民族運動の内部にはさまざまな意見があり，明確に独立を唱える人々がいる一方で，そこまで踏み込んだ主張をせずにまずは植民地内での権利獲得（参政権など）を目指すべきだと考える人々もいました。第二に，多くの場合，植民地は多様な文化的背景，民族的出自をもつ人々を含んでいたため，そこに一体感を生み出すことは容易ではありませんでした。また，地理的にも，異なる地方はそれぞれ独自の事情を抱えており，都市と農村の間でも直面する課題や物事の考え方という点で違いがありました。そうしたなかで，宗主国はしばしば特定の勢力を優遇することで植民地の住民どうしに対立を生じさせ，統一的な民族運動が形成されるのを阻止しようとしました。この「分割統治」は，帝国支配の常套手段でした。

　インドの例をみてみましょう。イギリス領インドは1947年にインドとパキスタンに分かれて独立しますが，その原因はヒンドゥー教徒とムスリムの間の宗教対立によって民族運動が分裂したことにありました。しかし，ヒンドゥーとムスリムが最初から激しく敵対していたわけではありませんでした。実際にインド大反乱[8]で両者は協調してイギリス支配に抵抗しましたし，1885年にインド人の政治組織として結成されたインド国民会議派にはヒンドゥーとムスリムの双方が参加しました。しかし会議派の主流をヒンドゥーが占めるようになる

46

と，少数派のムスリムのなかには会議派と距離を置く者も増え始めました。この状況を捉えて，イギリスは民族運動の分断を図ります。1905年のベンガル分割令は反英運動が盛んなベンガルをムスリムが多い東部とヒンドゥーが多い西部に分けて両者の連帯を阻止することを目的としており，分割統治の典型例と言えます。ベンガル分割令はインド人の激しい反対を受けてのちに撤回されますが，この間にイギリスに好意的なムスリムは全インドムスリム連盟（All-India Muslim League）を結成し，イギリスは連盟を保護する政策をとります。こうして，政治と宗教が結び付けられるようになりました。

　それでも，第一次世界大戦期には，自治権の獲得と民主主義の推進を目的に会議派と連盟の共闘が実現します。戦後，民族運動の指導者として台頭したM・K・ガンディー（Mohandās Karamchand Gāndhī，1869〜1948）は，自身はヒンドゥーでありながらもムスリムとの協調に努め，1920年に開始された非

※5　イギリスの保護国であったエジプトでは，パリ講和会議にエジプト独立を主張する代表団（ワフド［Wafd］）を送ろうという運動がおこり，ワフド党が結成された。イギリスがワフド党の指導者を逮捕すると，各地でデモやストライキがおこった。1922年，イギリスがエジプトの統治権を放棄してエジプト王国が成立したが，防衛権や，ヨーロッパとアジアを結ぶ交通の大動脈であるスエズ運河の権益（1882年のエジプト占領以来，イギリスが軍事占領していた）はイギリスが保持し続けた。

※6　1919年に民族運動弾圧のためのローラット法（Rowlatt Act）が制定されると，インド各地で反対運動がおこった。アムリットサールではイギリス軍が民衆のデモ隊に発砲して多数の犠牲者が出て，インド民衆の強い反発を引きおこした。

※7　パリ講和会議で日本の中国進出が容認されたことを受けて，1919年5月4日に北京大学の学生を中心に抗議デモが始まった。運動は全国に広がり，日本商品排斥やストライキが各地でおこった。

※8　1857年に北インドを中心におこったイギリス支配に対する大規模反乱。鎮圧後，乱で擁立されたムガル皇帝は廃された。また，それまでインド統治を担ってきた東インド会社も解散させられ，以後，イギリスがインドを直接統治することとなった。

図14　ガンディー

暴力抵抗（サティヤーグラハ，Satyâgraha）運動は全国に拡大しました[※9]。しかしその後，イギリスの連盟への肩入れもあり，ヒンドゥーとムスリムの関係は徐々に悪化し，最終的に分離独立へと至ることになりました。分離独立の際の混乱により200万人以上が死亡し，さらに数十万〜100万人の女性が性暴力の被害を受けたとされます。加えて，カシミールの帰属をめぐりインドとパキスタンは対立し，この問題は現在に至るまで両国間の争点として残ったままです[※10]。分離独立の主因がインド人内部の宗教をめぐる対立にあったことはたしかですが，そうした対立をエスカレートさせたのがイギリス帝国による分割統治政策であったことも同様に明らかです。

　もうひとつの例として，台湾の事情をみてみましょう。台湾では，1895年の日本による領有直後から現地住民による抵抗運動がおこりました。あまりにも激しい抵抗ゆえに，日本では台湾売却が検討されたほどでした。蜂起は1902年に鎮圧されましたが，この間に民間人を含む約1万4000人の台湾人が犠牲にな

りました。第一次世界大戦後には，政治的権利の獲得を求める台湾人が，自分た
ちの声を反映した議会の創設を掲げて台湾議会設置請願運動を展開しました。
台湾の自治を求めるこの運動は主に富裕層や日本に留学した経験をもつ知識人
層が主導したもので，同時期に日本で盛りあがりをみせていた大正デモクラ
シーから大きな影響を受けていましたが，日本側の封じ込めや運動内部での意
見対立もあり崩壊しました。その後も，台湾人の権利や自由を求めるさまざま
な運動が続きましたが，路線対立を乗り越えることができず，抑圧されていき
ました。1930年代後半に日中戦争が本格化すると，台湾の人々は皇民化政策の
もとでさらに厳しい圧力を受けるようになりました。

　さて，ここで興味深いのは，台湾の民族運動が外部の世界とつながっていた
ということです。民族運動のなかには，例えば中国での辛亥革命[※11]や第一次世
界大戦後の五・四運動をきっかけとする反帝国主義運動とも連携しつつ日本支
配を脱して中国への復帰を唱える勢力や，共産主義に傾倒して国際的な共産主
義ネットワークのもとでの帝国支配打倒（後述）を目指す集団などがいました。
またそこには，中国や日本への留学経験者も多く参加していました。ここから

※9　ガンディーは，グジャラート地方に生まれ，ロンドンに留学して弁護士資格を得たのち，南ア
　　フリカで法律家として活動した。南アフリカでの人種差別経験をもとにサティヤーグラハ（ヒ
　　ンディー語で「真理の把握」を意味する）を編み出し，1915年に帰国後，国民会議派の指導者
　　として民族運動を率いた。ヒンドゥーとムスリムの融和を説き続けたが，そうした姿勢を親ム
　　スリムと見なしたヒンドゥー過激派により暗殺された。ガンディーが唱えた非暴力抵抗運動は，
　　ストライキ，断食，植民地当局への非協力・不服従を手法とする。

※10　インド北西部のカシミールでは，ヒンドゥーの支配者がインドへの帰属を決めたが，住民の多
　　数を占めるムスリムがパキスタンへの帰属を求めたため対立が生じた。ここにインド，パキス
　　タン両国が介入し，1947年と65年に武力衝突がおきた。

※11　1911年に武昌の軍隊が蜂起したことをきっかけに始まる。12年1月，孫文（後述）を臨時大総
　　統とする中華民国の建国が宣言された。2月，宣統帝が退位し，清朝は滅亡した。

2. 戦間期から第二次世界大戦期にかけての帝国支配体制　49

は，台湾の民族運動が台湾という島を越えたネットワークのなかで展開していたことが分かりますが，そうした地域を越えたネットワークは帝国支配に抵抗する民族運動の多くでみられました。

グローバルな文脈における民族運動

民族運動が地域を越えて互いに影響を及ぼしあう事例は，帝国主義最盛期の19世紀末にもみられました。1882年にイギリスがエジプトを軍事占領[※12]すると，この事件はエジプトだけでなく広く中東の知識人や民衆に大きな衝撃を与えました。エジプト占領に関する中東の人々の意見はやがてヨーロッパに紹介され，帝国主義を批判的に分析したイギリスの思想家ホブスンにも影響を与えました。帝国主義を批判する思想が，地域を越えて形成されていったのです。加えて，民族運動の活動家たちは，しばしば故郷を離れて留学先や亡命先から帝国主義に抵抗する運動を指導しました。朝鮮の反日運動指導者は中国，アメリカ，ソ連などで活動しましたし，インド独立運動の活動家の一部はドイツに拠

図15　ホセ・リサール

点を置きました。

　グローバルな文脈における民族運動の展開を，フィリピンを例にみていきましょう。フィリピンの民族主義者として名高いホセ・リサール（José Rizal，1861〜1896）は作家でした。彼はヨーロッパに長期間滞在し，西欧諸国の文学作品から影響を受けつつ，各地を旅行することで，フィリピンの宗主国であるスペインがヨーロッパでは後進的な位置にいることを実感しました。これらの経験に基づき，リサールはフィリピンの植民地社会を風刺する『ノリ・メ・タンヘレ（われに触れるな）』や『エル・フィリブステリスモ（反逆）』を著し，民族主義者たちに多大なインスピレーションを与えました。リサールの例は，民族運動がさまざまな地域を網羅する思想のネットワークのなかで練りあげられていったことを示しています。リサールと同時代に生き，また，彼から影響を受けたフィリピンの人々も，帝国主義世界の動向をつぶさに観察していました。1895年にキューバで始まった独立戦争は，フィリピンの民族主義者たちにも大きな刺激を与えました。さらに，民族主義者の団体であるカティプーナン（Katipunan）のメンバーのなかには，アジアの新興国である日本がフィリピンの独立を支援してくれるのではないかとの期待から，日本に留学したり日本人との接触を試みたりする者もいました。1896年に独立を求める武装蜂起が始まると，そこにはさまざまな人々が義勇軍として参加しました。フィリピンに移住した中国人，キューバ人，日本人，独立の大義に賛同するフランス人やイタリア人などがフィリピン人とともに戦いました。また，当時日本で亡命生活を送っ

※12　エジプトでは，イギリスとフランスの介入に反発したエジプト軍人オラービー（ウラービー，Aḥmad ‘Urābī，1841〜1911）が1881年に武装蜂起した。イギリスは軍を派遣してオラービーの勢力を打ち破り，82年にエジプトを占領した。

2. 戦間期から第二次世界大戦期にかけての帝国支配体制　51

ていた孫文（1866〜1925）※13は，同時期に日本に滞在していたフィリピン人民族主義者と親しくなり，フィリピン独立を支援するための武器弾薬の確保と輸送に奔走しました。結果として，独立運動はアメリカに鎮圧されてしまいましたが，この事例からは，フィリピンの民族主義者たちが，キューバ，ヨーロッパ，日本などとのグローバルな交流のなかで自らの立ち位置を見定め，行動していたことが分かります。

　各地で民族運動が活発になった第一次世界大戦後には，ある地域の活動家の思想が他地域の人々にも大きな影響を及ぼすようになります。代表例はガンディーでしょう。第一次世界大戦後の朝鮮では，民族運動指導者の間でインドでの反植民地運動の展開とそのリーダーであるガンディーの動向に注目が集まるようになりました。ガンディーが率いた非暴力抵抗運動は，民族運動の模範として多くの朝鮮人に強い印象を与えました。ガンディーもまた朝鮮の新聞社に手紙を送り，朝鮮の自立を支援することを明言しています。なお，やや後の時代のことですが，20世紀後半のアメリカで黒人の公民権運動を率いたキング牧師（Martin Luther King, Jr., 1929〜1968）も，ガンディーから大きな影響を受けたことはよく知られています。そのキングは，1957年にイギリスから独立したガーナの独立記念式典に招かれてスピーチをしています。こうした事例からは，帝国支配とその根本にある人種差別を批判する思想が，時空間をまたいでグローバルに展開していたことが分かります。

　第一次世界大戦後の世界で，各地の民族運動をつなぐ結節点のひとつとなったのが，ソヴィエト社会主義共和国連邦（ソ連）でした。1917年のロシア革命を経て，1922年にロシアを含む四つの共和国がまとまることで成立したソ連は，反帝国主義の旗印のもとで植民地の民族運動を支援しました。その実行機関と

なったのが，共産主義者の国際ネットワークであるコミンテルン（Comintern，第三インターナショナル）※14です。コミンテルンは植民地の独立を唱えて，アジアだけでなく，アメリカ大陸，カリブ海，アフリカ大陸の民族運動を支援し広範なネットワークを築きあげました。しかし，コミンテルンはもっぱらソ連の安全保障という観点から各地の民族運動に関与したため，地域の事情にそぐわない政策をとることもありました。また，国単位での運動を奨励したので，地域を越える連帯の気運を自ら弱めることにもなりました。加えて，ソ連自体がある種の帝国だったことも見逃せません。革命で倒れたロシア帝国を継承するかたちで成立したソ連の領内には，多様な人々が住んでいました。多民族国家ソ連で中心的地位を占めたのは，ロシア人やロシアとつながりが深いヨーロッパ系民族（グルジア人，アルメニア人）でした。これらの人々が要職を独占する一方で，1930年代になると中央の政策を批判する非ロシア系民族の民族主義運動は厳しく弾圧され，多くの人々が強制収容所に送られたり死刑に処されたりしました。さらに，1930年代にファシズム（Fascism）※15国家が反共産主義を

※13　孫文は，1894年にハワイで興中会を結成し，その後は日本や欧米で亡命生活を送った。1911年におこった辛亥革命で帰国し中華民国臨時大総統に就任するが，袁世凱にその地位を譲った。17年に広州で革命政権を樹立し，19年に国民党を結成。24年に共産党と連携する第一次国共合作を実現したが，25年に病死した。

※14　1919年結成。世界各地でロシア革命と同様の革命をおこすこと（世界革命）を目的に，レーニンが創設した国際共産主義組織。レーニン死後，ソ連の政治・外交戦略の強い影響を受けるようになった。

※15　もともとは第一次世界大戦後のイタリアに登場したファシスト党の運動，思想，支配体制を指す。しかし，より一般的には，戦間期に広まった類似の政治運動や支配体制を意味する。その特徴としては，極端な自民族中心主義，階級連帯の重視（ゆえに，階級間の闘争を説く共産主義を敵視する），強力な指導者のもとでの独裁体制，露骨な暴力，対外侵略，大衆の福祉向上への関心などがある。

掲げて台頭すると（後述），ソ連はファシズムとの対決を優先して帝国支配国との関係強化を進めたので，反帝国主義の掛け声は弱まっていきました。

（3）帝国支配の再編？：文明化の推進とその内実

●

文明化とその限界

　民族運動の高揚を受けて，帝国支配国も植民地統治のあり方を見直さざるをえなくなります。もっとも，それは植民地支配の放棄にはつながらず，むしろ，宗主国は植民地における文明化の推進を通じて，あらためて帝国の存在意義と正当性を示そうとしました。

　既にみたように，教育は文明化の重要な手段でした。前章では台湾と朝鮮を例に第一次世界大戦前までの植民地教育の状況をみましたが，ここで再び両地域に目を向け，大戦後の展開を追ってみましょう。台湾では，現地エリート層を中心に日本人と同等の教育を受ける権利を求める動きが強まりました。そうした声を受けて，大戦後の1919年には第一次台湾教育令が公布され，6年制の公学校（初等教育）と4年制の高等普通学校（中等教育）からなる学校制度が誕生しました。1922年の第二次台湾教育令は，日本人と台湾人の別学を維持しつつも，優れた日本語力をもつ台湾人の日本人向け小学校への入学を認めました。また，中等教育以上の学校での日本人・台湾人共学を原則としました。同年には高等教育機関として7年制の台北高等学校，1928年には台北帝国大学が設立されました。朝鮮でも同様の取り組みがみられました。1919年の三・一独立運動を受けて，日本は文化政治という方針を打ち出しました。その一環として，教

育においても，普通学校修業年限の6年への延長，条件付きでの日本人と朝鮮人の共学，京城帝国大学の設立などが行われました。

　こうしてみると，日本の植民地支配がより現地住民の利益に沿ったものに変化したような印象を受けるかもしれません。しかしもう少し詳しく観察してみると，必ずしもそうとは言えないことが分かってきます。台湾ではたしかに教育制度の拡充がみられましたが，学校，とくに中等教育以上の学校に進学できたのは都市住民およびエリート層の子女に限られており，農村の台湾人たちには十分な教育を受ける機会もそれをもとに出世する機会もほぼ閉ざされていました。台湾では義務教育が施行されていなかったこともあり，1924年時点で男子の1割，女子の7割は初等教育を受けることができず，学校入学者のなかでも卒業まで至ったのは半分ほどでした。また，中等教育機関（中学校と高等女学校）への進学率は1％未満でした。同時期の日本では，小学校就学率はほぼ100％でその9割が卒業したこと，中等教育機関への進学率は10％ほどであったことを考えると，本国と植民地の格差は歴然としています。このような状況で，台湾人が高い教養を身に付けて日本人と張りあうのはきわめて困難でした。朝鮮でも，1920年代以降に普通学校への進学率は上昇しますが，それでも普通学校に通うことができたのは1940年代初頭でも5割ほどであり，人口の大部分を占める小作農の就学率は相対的に低いままでした。女性よりも男性を重視する朝鮮社会の伝統的なジェンダー意識も手伝い，とりわけ女子の多くは就学の機会を得られませんでした。1930年代以降，普通学校は天皇制を賛美する思想や新しい農業技術を教える拠点としての性格を強めていきます。学校の数は増えましたが，依然として主に経済的理由から中途退学する生徒も多く，植民地政策としての教育の効果が庶民にまで及んだとは言い難い状況でした。

図16　植民地朝鮮の普通学校（尚州，1938年頃）

　それでも，日本式の学校で主体的に学びを深める者もいました。台湾では，日本の文明開化や中国での辛亥革命からも刺激を受けつつ，日本統治下で積極的に社会を改革していこうという動きが現れます。富裕層の子女を中心に，男子のみならず日本式の学校に通う女子学生も増えていき，新しい価値観をもち日本語を流暢(りゅうちょう)に操る「新女性」と呼ばれる世代が登場しました。「新女性」たちは，第二次世界大戦後の社会でもエリートとして政治や経済の分野で重要な役割を担っていきます。もっとも，これらの人々のなかでも日本人のように振る舞うことに葛藤(かっとう)を感じる者も多かったそうです。また，さまざまな困難を乗り越えて上級の学校に進学しても，同級生の日本人学生から差別を受け，辛(つら)い体験をした台湾人学生もいました。朝鮮にも，日本式学校で学びを深めた者たちがおり，当初は日本側も朝鮮の近代化と文明化を担う存在として期待していました。しかし，彼らのなかに植民地支配に批判的な人々も多く含まれていることが分かると，総督府はその言動への監視を強めていきました。

植民地の開発とその含意

　帝国支配の改善を印象付けるために推進されたもうひとつの政策が，植民地の開発でした。戦間期のイギリスは，開発を通じて植民地住民を文明化すること，植民地の天然資源を有効活用して広く世界経済の利益に資することを目標に掲げて，植民地開発に本腰を入れて取り組み始めました。1929年には植民地開発法を制定しますが，世界恐慌のあおりで十分な資金を確保できず，成果をあげられませんでした。植民地の経済が悪化し貧困が深刻化した結果，1930年代にはアフリカや西インドの植民地で現地住民による反乱やストライキが続発しました。深刻な事態を受けて，イギリスは第二次世界大戦中の1940年に植民地開発福祉法を制定し，開発だけでなく衛生，教育，住宅事情の改善などを通じた植民地住民の福祉の向上も図りました。この政策が，植民地の人々が置かれた状況に対する同情心の現れであったことはたしかでしょう。しかし，そこには戦略的動機もありました。この時期には植民地で帝国支配に対する批判が高まっていましたが，イギリスにとって同じくらい脅威だったのがアメリカによる帝国主義批判でした。イギリス帝国支配を打倒して建国した歴史をもつアメリカでは，反帝国主義の伝統が根付いていました。第二次世界大戦で両国は共闘しますが，当初アメリカの批判の矛先はイギリスの帝国支配にも向けられており，イギリスは困難な立場に置かれていました。そうした状況で，イギリスは，植民地の開発や福祉に力を入れる姿勢をみせることにより自らを植民地住民の利益を第一に考える「善い帝国」だとアピールし，植民地での民族運動とアメリカの帝国批判を和らげようとしました。つまり，開発は，帝国支配を維持するためのイメージアップ戦略という側面ももっていたのです。

　開発が必ずしも支配される側の福利の向上のみを目的としたものではなかっ

2. 戦間期から第二次世界大戦期にかけての帝国支配体制　57

図17　嘉南大圳の水門

たことは、台湾の事例からもうかがえます。日本統治下の台湾南部では、砂糖と米の増産を目的として嘉南大圳と呼ばれる巨大農業用水施設が建設されました。しかし、現地の農民のなかには砂糖や米を作った経験がない者もおり、また、稲やサトウキビの植え付けを一斉に行うために新たに人を雇う必要が生じたことから、結果として農民の負担が増しました。このようにして米と砂糖の増産を図ったにもかかわらず、日本国内で米が豊作になると、植民地当局は嘉南大圳が灌漑する地域で台湾人農民が米を作り過ぎないよう管理しようとしました。台湾産の米が多く市場に出回り過ぎて米価が下落し、日本の米農家が損害を受けるのを防ぐためでした。植民地の開発という掛け声にもかかわらず、結局は日本と日本人の都合が優先されたのでした。

（4）第二次世界大戦と帝国支配

●

世界恐慌から第二次世界大戦へ

1929年10月に始まった世界恐慌[16]は，帝国支配体制にも大きな影響を及ぼしました。貿易が停滞し商品の価格が下落するなかで，宗主国は植民地に圧力をかけて，輸出向け商品をそれまで以上に安く大量に生産させようとしました。さらなる搾取に対して，植民地では民族運動が勢いを増していきましたが，宗主国もそうした動きへの警戒を強めていきます。フランス領インドシナ[17]では，穏健な民族運動すら厳しい取り締まりの対象になり，多くの指導者が処刑されました。その結果，より急進的な民族運動への支持が高まり，ホー・チ・ミン（Ho Chi Minh，1890～1969）[18]らが率いる共産党が勢いを増しましたが，植民地当局の厳しい弾圧を受けることになりました。

1930年代になると，軍国主義国家による対外進出の動きが顕著に現れ始めます。日本は，1931年の満州事変をきっかけに中国東北部に進出して満州国を作り，帝国支配の拡大を図りました。1937年から日中戦争が本格化し，その後アメリカとイギリスを中心とする連合国との戦争に突入していきます。ヨーロッパでも，イタリアやドイツなどのファシズム国家が攻勢を強めていました。

[16] ニューヨーク株式市場での株価大暴落をきっかけとして，資本主義諸国に拡大した経済不況。

[17] インドシナ半島東部のフランス植民地の総称。現在のベトナム，ラオス，カンボジアからなる。

[18] ホー・チ・ミンは，料理人としてフランスに渡り，欧米諸国を旅行した後，パリで政治活動を開始した。1930年にベトナム共産党を結成。45年にベトナム民主共和国の独立を宣言して国家主席に就任した。

ムッソリーニ（Benito Mussolini, 1883〜1945）率いるファシスト党が実権を握るイタリアは，日本の満州進出から刺激を受けつつ海外進出に乗り出し，1935年にエチオピアを侵略して翌年これを併合しました。エチオピア戦争の過程では毒ガスが使われ，捕らえられたエチオピア人は強制収容所に集められて，満足な食事も与えられず多くが餓死したと言われています。同じ頃，ドイツではヒトラー（Adolf Hitler, 1889〜1945）が台頭し，ナチ党独裁体制を築きました。ナチ・ドイツは1938年に隣国オーストリアを併合し，さらにチェコスロバキアからズデーテン地方を奪い取ることで領土を拡大していきます。この間，日独伊の三国は防共協定を結ぶなどして連携を強めました。1939年9月，ドイツがポーランドに侵攻することで第二次世界大戦が始まりました。

植民地の活用

　第二次世界大戦は総力戦になりました。先の大戦と同様，帝国支配国は植民地の人材と資源を戦争のためにフル活用します。イギリスは，インドやアフリカの植民地で300万人を超える兵士や労働者を動員しました。枢軸国側でも，イタリアが25万人規模の兵士を自国の北アフリカ植民地で徴募し，日本も植民地の人々を軍人や軍属，軍需品生産のための労働者として動員しました。

　朝鮮からは約80万〜90万の人々が日本やその植民地に移送されて，労働に従事させられました。山口県宇部市にあった長生炭鉱では多くの朝鮮人が雇用され，安い賃金で危険な仕事を割りあてられました。逃亡者も後を絶たなかったようで，1940年10月には，この月に到着した82人のうち21人が1週間以内に逃亡しました。朝鮮人労働者は自主的に職に応募して日本に来たとされていますが，逃亡者数の多さは仕事があまりにも過酷だったか，あるいは，必ずしも自

図18　日本で働く朝鮮人労働者（北海道深川市の鉱業所，1940年頃）

発的に日本に来たわけではなかったことを示唆しています。長生炭鉱では1942年に落盤事故が発生し183人が死亡しましたが，犠牲者の7割が朝鮮人でした。戦争が長期化すると，朝鮮での労働者徴募は1942年から官斡旋，1944年から徴用という制度で行われ，国主導のもとでの労務動員が強化されていきました。多くの朝鮮人が自らの意思とは関係なく労働に駆り立てられることになり，当時の日本の役人ですらこれを「拉致同様な状態」[19]と表現していました。表向きは自発的だが，強大な植民地支配者の前で現実的には要請を拒否できない状況。そこでは，たとえ物理的暴力がなかったとしても，強制・強要という目にみえないかたちの暴力が行使されていたと言ってよいでしょう。

　この間，植民地朝鮮では皇民化政策が推進されました。朝鮮人に日本帝国の一員としての意識を植え付けて戦争に協力させることを目的に，神社参拝の強要，日本語使用の強制，創氏改名などが行われました。これらの政策を通じて，

---

[19] 伊藤（2016），44頁より再引用。

2．戦間期から第二次世界大戦期にかけての帝国支配体制　61

日本は朝鮮人を日本人と同様に扱っていると主張しましたが，創氏改名の際には日本風の名前を登録させながらも戸籍上は「朝鮮籍」に分類することで出自を明確化するなど，従来どおり支配する側と支配される側の区別を保ち続けました。

性暴力と「慰安婦」

　性暴力は，最も過酷で理不尽な暴力の形態です。戦争中にその対象となったのは，「慰安婦」たちでした。第二次世界大戦中に日本軍が戦地に慰安所を設置したのはよく知られています。その目的は，地域住民に対する強姦事件を防止すること，将兵への慰安の提供，兵士の間で性病が拡大するのを予防すること，女性スパイに誘惑されて機密情報が流出するのを阻止することにありました。実際に，兵士たちは，性欲を満たし緊張を強いる戦地で肉体と精神の安定を維持するために，慰安所を利用しました。また，戦友たちとともに慰安所を利用することは，仲間意識を強め，兵士としての「男らしさ」を確認するという機能もあったようです。しかし，「慰安婦」の観点からすれば，彼女たちはそのような目的のために利用されたとも言えます。

　「慰安婦」について考えるためには，当時の社会状況を理解する必要があります。まず朝鮮の例をみてみましょう。1920年代の朝鮮では，植民地当局の指示により米の増産が図られました。米生産量は増加しますが，それを超える量の米を供出したため，朝鮮人農民の米消費量と収入は減少し貧困が拡大しました。戦争の激化に伴いさらなる米の供出を強いられた結果，農村は危機に陥りました。こうした状況で多くの若い女性が身売りされ，そこから「慰安婦」になった者もいました。他方，都市部では，日本企業の工場で働く朝鮮人女性が低賃金・

長時間の労働に不満を強めるなかで，よりよい職場を紹介するという口車に乗せられて慰安所に送られてしまった例もありました。日本軍「慰安婦」となったのは，朝鮮など植民地の女性に限りません。当時の公娼制度（公権力が特定の売春行為を公認・保護する制度）のもとで売春をしていた日本人女性たちが，「慰安婦」として戦地に送られることもありました。日中戦争が本格化すると，軍と内務省が各地の業者に指示を出し「慰安婦」を集めるようになります。朝鮮の場合と同様，性風俗業で働き「慰安婦」となった女性の多くは貧困家庭の出身でした。「慰安婦」集めを請け負った業者は貧しい家庭を訪ね，金を貸す代わりに若い女性を「買い付け」ます。「買われた」女性は借金返済まで性風俗業で働かざるをえず，自主的に廃業する自由はほとんどありませんでした。以上から分かるのは，戦時と平時がつながっていたということです。つまり平時における貧困や劣悪な労働環境が女性を性風俗業に押しやり，戦時にはそうした女性たちが「慰安婦」となり性暴力の対象となったのです。

　軍や行政が管理する売春制度は，他国にも存在していました。香港やインドなどのイギリス植民地では，現地住民を「不潔で道徳的に堕落した存在」とみる向きが強く，娼婦となった現地人女性の登録と性病検査を含む管理売春制度が設けられました。20世紀になると，売春禁止の世論が国際的に盛りあがり，婦女子の取引を禁止する国際条約が結ばれます。しかし，イギリスや日本は，そうした条約が植民地に適用されることに否定的でした。なお，植民地の売春施設はもっぱら白人専用だったので，非白人の植民地兵はそれを利用できず不満を強めていきました。そこで軍は，植民地兵としての採用対象者を妻帯者に限定し「妻」を兵営に同居させようとしましたが，そうした兵士たちの「妻」は多くの場合，契約した娼婦か植民地内外で略奪された女性だったと言われてい

2. 戦間期から第二次世界大戦期にかけての帝国支配体制　63

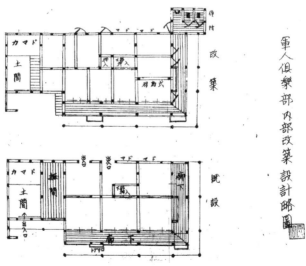

図19 慰安所
民家を接収して慰安所にした例もあった。上は慰安所とされた沖縄県の民家，下は同県読谷村(よみたんそん)の民家を慰安所に改築するための設計図（1944年）。

ます。同様の売春制度は，フランスやアメリカでもみられました。帝国支配体制下での管理売春とそこでの性暴力は，異なる地域間で相互に影響を及ぼしあいながら世界的規模で行われていたのです。

3. 帝国主義の遺産：脱植民地化と冷戦

1954年7月のジュネーブ会議において，フランス帝国主義はベトナムから
の軍隊の撤退を誓わざるをえず，会議に参加した各国はみな，ベトナムの
主権，独立，統一と領土保全を公認することを，おごそかに宣言した。…（中
略）…しかるに，以前はフランス植民地主義者を助けてわが同胞を虐殺し
たアメリカ帝国主義が，今度はわが国を長期にわたって分断し，姿を変え
た植民地体制によってわが国の南部を奴隷化し，わが南部を東南アジア侵
略の軍事基地にしようと企んだ。…（中略）…南ベトナム解放民族戦線は，
…（中略）…南ベトナムにおけるアメリカ帝国主義とアメリカの傀儡集団
の統治を打倒し，南部の独立，民主，民生改善，平和，中立を実現して，祖
国の平和的統一をめざし闘争することを方針とする[1]。

　第二次世界大戦が終わると，帝国支配は徐々に崩壊に向かいます。植民地で
は独立を求める声が高まり，宗主国の側もそうした声に抗うことが次第に困難
になっていきました。さらに，新たに成立した国際連合（United Nations）に
植民地支配から独立した国が次々と加入することで，国連は帝国支配に対する
批判を強めていきました。国連は1960年に植民地独立付与宣言を採択します
が，それは帝国支配国に対するプレッシャーとなりました。

　その一方で，独立はその言葉から想起されるほど単純なプロセスではありま
せんでした。国連が植民地独立付与宣言を出したのと同じ年，ベトナム南部（当
時はベトナム共和国と呼称された）で南ベトナム解放民族戦線という反政府組
織が結成されました。うえで引用した解放民族戦線の綱領からは，独立を果た

※1　古田（2012），186～187頁より再引用。

してもなお，ベトナムの人々が帝国主義と呼ぶ体制や現実がかたちを変えながら継続していたことをうかがい知ることができます。本章では，帝国支配体制が第二次世界大戦後の世界に残したさまざまな問題を，主に冷戦との関係でみていきます。

（1）独立はなぜ苦難の道？：脱植民地化

●

植民地の独立

　第二次世界大戦後，かつての植民地は独立した主権国家としての地位を獲得していきます。しかし，それはしばしば複雑な過程をたどりました。植民地内部にも宗主国内部にも，さまざまな意見や思惑があったからです。植民地の内部には，独立を期に宗主国との関係を完全に断ち切ることを唱える勢力もあれば，独立後の経済発展および安全保障などの観点から，独立しても旧宗主国と一定の関係を維持すべきだと主張する勢力もありました。宗主国の側でも，第二次世界大戦での敗戦や独立運動の高揚などを理由にやむをえず植民地を手放す場合もあれば，独立を承認したうえで現地指導者層と新たな協力関係の構築を目指す動きもありました。とはいえ，これまで植民地として他国に従属していた地域が主権をもつ国家として承認されたことの意味は，たしかに大きなものであったと言えるでしょう。このように，かつての植民地が独立を獲得して植民地状態を脱していくことを脱植民地化といいます。

　脱植民地化の過程では，しばしば激しい暴力が行使され多くの命が失われました。インドネシア（オランダ領東インド）では，オランダが民族主義運動を

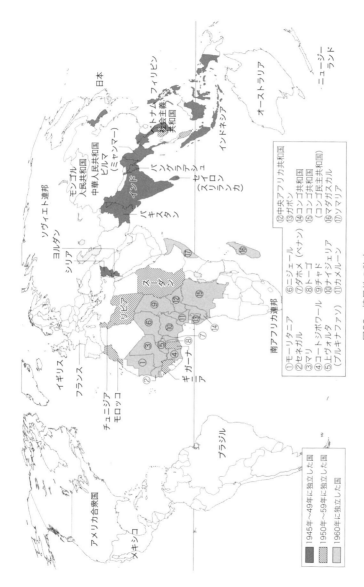

図20 植民地の独立

3. 帝国主義の遺産：脱植民地化と冷戦

武力で押さえ込もうとしました。インドネシアは独立を果たしますが，その過程で現地人の戦闘員4万5000〜10万人，非戦闘員も2万5000〜10万人が犠牲になったと言われています。1954年から62年まで続いたフランス領アルジェリアでの独立戦争でも，民族主義者とフランス軍の戦いに加えて，アルジェリア在住フランス人たちが結成した武装組織がアルジェリア人に対してテロ活動を行うなどした結果，30万〜40万人のアルジェリア人が死亡したと言われています。

パレスチナ問題

　その一方で，帝国主義時代の曖昧で首尾一貫しない政策が，帝国撤退後も地域に大きな禍根を残すこともありました。第1章末で触れたパレスチナは，第一次世界大戦後にイギリスの委任統治領となり，フサイン=マクマホン書簡に基づくアラブ独立国家建設の要求は認められませんでした。パレスチナを統治するイギリスは当初，バルフォア宣言でのユダヤ人との約束を優先したので，パレスチナに移住するユダヤ人が増加しました。パレスチナに住むアラブ人はこれに反発し，ユダヤ人とアラブ人の間で衝突がおこり始めました。1936年から39年にかけては，ユダヤ人とイギリスに対するアラブ人の大規模武装蜂起（アラブ大反乱）がおこります。反乱を受けて，イギリスはバルフォア宣言を事実上撤回し，ユダヤ人移民を制限しようとしますが，ユダヤ人の立場を支持するアメリカがこれに異を唱えます。第二次世界大戦後，イギリスはパレスチナから手を引くことを決め，統治権を新たに成立した国際連合に譲り渡しました。1947年，国連はパレスチナを分割して，ユダヤ国家とアラブ国家を別々に作る案を決議します。これを受けて，ユダヤ人側はユダヤ国家として割りあてられ

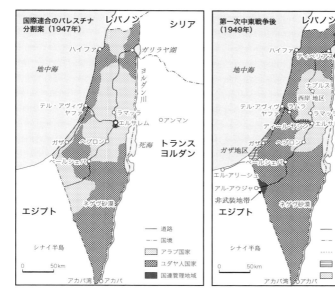

図21 パレスチナ分割案と第一次中東戦争後のパレスチナ

た土地を軍事占領し、その土地に住むアラブ人の追放や虐殺を行いました。1948年にイギリスがパレスチナから撤退すると、ユダヤ人はイスラエルの建国を宣言しましたが、これに反対する周辺のアラブ諸国がイスラエルを攻撃し、第一次中東戦争がおこりました。勝利したイスラエルが領土を拡大する一方、パレスチナ・アラブ人の約3分の2にあたる96万人が難民となりました。現代まで続くパレスチナ問題はこうして生まれましたが、この過程でのイギリスをはじめとする帝国支配国の責任は重大だと言わざるをえません。

その後、パレスチナ問題をめぐるイスラエルと中東諸国の対立のなかで、イスラームを基盤とする急進的運動が生まれました。レバノンを拠点としたイスラーム急進主義組織のヒズボラ（Ḥizb Allāh）は、イスラエルとそれを支持する西洋諸国を敵と見なして1983年にアメリカ大使館などへの爆弾攻撃を実行

3. 帝国主義の遺産：脱植民地化と冷戦　71

しましたが，これは今日の自爆テロ（当事者たちは「殉教作戦」と言った）の始まりとされています。1998年には世界イスラーム戦線（World Islamic Front）という組織が結成され，イスラエルおよびアメリカとの戦いを宣言しました。この組織の指導者ウサーマ・ビン・ラーディン（Usāma ibn Muḥammad ibn Lādin, 1957～2011）は，アルカーイダ（al-qā'idah）という組織を率いて，2001年9月11日にアメリカで同時多発テロを引きおこすことになります。

（2）残される「帝国主義」：脱植民地化と冷戦

●

　脱植民地化の展開は，アメリカとソ連を主役とする冷戦により，複雑な経路をたどることになりました。植民地が独立したり新国家を建設したりする過程に，アメリカを盟主とする西側陣営とソ連が率いる東側陣営が関与することで，内戦や国家分裂がおこったのです。そうした事態は，帝国支配体制のもとで支配される側だった人々の運命にも大きな影を落としました。

朝鮮戦争と在日朝鮮人

　朝鮮半島とそこを出自とする人々は，脱植民地化と冷戦が複雑に絡みあう状況下でさまざまな苦難に直面することになりました。第二次世界大戦での日本の敗北により，朝鮮は植民地支配から解放されました。しかし，冷戦の足音が近づくなかで，朝鮮半島は北緯38度線を境としてアメリカ（南部）とソ連（北部）に分割占領されることになりました。朝鮮人の間でも今後の方向性をめぐるさ

まざまな意見対立があり、その結果、1948年に南部に大韓民国（韓国）、北部に朝鮮民主主義人民共和国（北朝鮮）という異なる政権が発足し、南北対立が深まりました。1950年6月には、北朝鮮の軍隊が韓国に侵攻して朝鮮戦争[※2]が勃発します。1953年に休戦協定が結ばれましたが、その後も現在に至るまで朝鮮半島が北緯38度線付近を境界として南北で分断状態にあるのはよくご存じのことと思います。冷戦は米ソ両陣営間の武力衝突を伴わない対立状態を指す言葉ですが、朝鮮半島では内戦と冷戦が重なることで実際の戦争（「熱戦」）がおこったのでした。

　第二次世界大戦後の朝鮮半島をめぐる歴史的展開は、朝鮮に出自をもち戦後

図22　朝鮮戦争

※2　アメリカを主体とする国連軍（韓国を支援）と中国の義勇軍（北朝鮮を支援）が参戦した結果、戦線は膠着し、戦争は長期化した。朝鮮人だけでも100万人以上が死亡し、家族や親戚が南北に強制的に引き離されてしまう離散家族も1000万人を数えた。

3. 帝国主義の遺産：脱植民地化と冷戦　73

も日本に残留した在日朝鮮人たちにも大きな影響を及ぼしました。敗戦直後の日本は，連合国との講和条約締結までは朝鮮が自国の主権下にある（つまり，在日朝鮮人も日本人である）と主張し，それを根拠に日本各地の炭鉱などで相次いだ朝鮮人労働者たちの労働運動を厳しく取り締まろうとしました。その一方で，衆議院議員選挙法改正により，それまで認められていた在日朝鮮人の参政権は，戸籍のうえで朝鮮人は日本人とは異なる（先述のとおり朝鮮人には朝鮮籍が与えられて区別された）という理由で停止されました。さらに，1947年に公布された外国人登録令は，日本国籍をもつ在日朝鮮人を日本籍の日本人とは異なる「外国人」と見なし，日本在留の外国人が居住や移動の際に必要な登録および諸手続の義務を在日朝鮮人にも課しました。ここには，在日朝鮮人に対する管理を強化しようという日本政府の狙いがありました。

　1948年に入ると，日本政府は，在日朝鮮人の団体である在日本朝鮮人連盟（朝連）が朝鮮人児童向けに開いていた朝鮮学校への統制を強めていきます。この背景には，朝鮮半島をめぐる急激な国際情勢の変化がありました。すぐ直前でも述べたように，1948年は朝鮮半島が共産主義陣営に属する北部と資本主義陣営に与する南部に分断された年です。そうしたなかで，朝鮮学校を共産主義思想の教育機関と見なしたGHQ※3の指示もあり，日本各地で朝鮮学校の閉鎖が断行され，在日朝鮮人の民族教育は大きな打撃を受けました。他方で，共産主義を批判する在日朝鮮人は，共産主義を支持する在日朝鮮人の過激な言動が民族教育への弾圧を招いたと主張し，GHQや日本政府に協力する姿勢をとりました。このように冷戦の論理がもち込まれ，在日朝鮮人の間でも分裂が深まっていきます。

　この間，朝鮮南部に大韓民国が成立すると，これを支持する在日朝鮮人らは

在日本大韓民国居留民団（民団）を結成します。他方で，朝連は朝鮮北部に樹立された朝鮮民主主義人民共和国を支持します。しかしアメリカが北朝鮮の承認を拒否したため，朝連はGHQおよび日本政府から激しい弾圧を受け，1949年に解散させられました。朝連と対立していた民団はこれを評価しますが，日本政府には民団を優遇する意図もなく，外国人管理強化のために制定された外国人登録制度を在日朝鮮人全体に適用しました。1952年のサンフランシスコ講和条約発効により，在日朝鮮人は日本国籍を失うことが決まり，以降は正式な「外国人」として日本の法律により管理されることになりました。

　第二次世界大戦後の脱植民地化と冷戦という状況のもとで生み出された分断状態は，朝鮮半島とそこを出自とする人々の帰属意識や生活に深刻な影響を及ぼしました。他方で，かつての宗主国日本は，アメリカの指導下で経済復興の道を歩んでいくことになります。朝鮮戦争がおこると，日本はアメリカ主体の国連軍に協力して物資の提供や輸送を行いました。戦争特需によって軍需品の注文が相次ぐことで産業が復活し，戦後復興の弾みをつけていきます。そのかたわらで，朝鮮をめぐる問題は未解決のまま残されることになりました。

ベトナム戦争

　朝鮮半島と同様の分断状態に置かれたのが，本章の冒頭でも触れたベトナムでした。ベトナムはフランスの植民地でしたが，第二次世界大戦後に独立を目

※3　正式名称は連合国軍最高司令官総司令部（General Headquarters, the Supreme Commander for the Allied Powers）。ポツダム宣言に基づき，1945年から52年まで日本を占領・管理するために設置された。連合国軍の各部隊からなるが，主体はアメリカ軍。当初は日本の民主化や非軍事化を進めたが，冷戦が激化すると，日本の経済自立を促して共産主義を押さえ込む政策へと方針を転換した。

図23 ホー・チ・ミン

指す戦争(インドシナ戦争)が始まります。フランスは1947年の段階でも、「黄色人種や黒人は、白人より劣った人種であり、われわれ白人のみが『原住民』を適切に統治できる」[※4]と主張してベトナムの維持に努めますが、劣勢に追い込まれていきます。その一方で、ベトナムでホー・チ・ミンらを指導者とする勢力が中国との関係を深めると、アジアでの共産主義拡大を警戒するアメリカはベトナムに介入を始めます。1954年にフランスが敗北してインドシナ戦争が終結すると、ベトナムは北緯17度線を境に社会主義を唱えるベトナム民主共和国(北ベトナム)とアメリカが支援する独裁政権が統治するベトナム共和国(南ベトナム)に分断されました。1960年には、先に述べた南ベトナム解放民族戦線が結成され、反米・反帝国主義を旗印に南ベトナムで反政府運動を開始します。北ベトナムが解放民族戦線を支援していると考えたアメリカは、北ベトナムへの爆撃(北爆)を開始し、さらに解放民族戦線と戦うための地上軍を投入しました。ここにベトナム戦争が本格的に始まりました。戦争はアメリカ軍を

図24 ベトナム戦争
枯れ葉剤をまくアメリカ軍のヘリコプター。

撃退した北ベトナムの勝利に終わり、1976年に南北ベトナムが統一されてベトナム社会主義共和国が成立しました。

　長期に及んだベトナム戦争では、膨大な数の人命が失われました。アメリカ軍側が死者約6万人、負傷者約30万4000人、北ベトナム軍と南ベトナム解放民族戦線側の戦死者があわせて約100万人と言われ、いまだに30万人以上が行方不明となっています。さらに、ベトナム戦争では民間人にも多数の犠牲者が出ており、最近の研究によると南北ベトナム合計で200万人あまりが死亡したとされます。死者が激増した理由のひとつは、アメリカによる戦争のやり方にあります。アメリカは北爆に際して、北ベトナムの人々に恐怖心を与えることを目的に、意図的に市民の生活空間や経済インフラを攻撃しました。ナパーム弾

※4　平野（2002），291頁より再引用。

やボール爆弾，クラスター爆弾など対人殺傷力の高い兵器が使われ，犠牲者を増やしました。さらに，アメリカ軍は大量の枯れ葉剤を散布しました。これは，敵の拠点であるジャングルを丸裸にするとともに，農作物を全滅させて食糧の供給を絶つことが目的でしたが，この結果，生態系は大きく破壊され，枯れ葉剤を浴びた人々は深刻な健康被害に苦しみました。

　加えて，アメリカ軍は，ゲリラ戦を展開する敵勢力を押さえ込むために，敵軍を支援していると見なされた民間人をも攻撃の対象とする索敵撃滅作戦を実行しました。この作戦は軍事拠点とは言えない村や地域でも実行され，突然襲来したアメリカ軍の手で女性，子ども，老人を含む多くの人々が無抵抗のまま殺害されたと言われています。その最も悲惨な例は，1968年3月16日におこったソンミ虐殺です。この日，索敵撃滅作戦を実行するアメリカ軍兵士たちは，「村にいるものをすべて殺せ」という命令を受けて，ソンミ村に向かいました。住民の抵抗がなかったにもかかわらず兵士たちは村人を無差別に殺害し，504人が犠牲となりました。脱植民地化と冷戦が密接に絡みあう時代，（旧）植民地地域では大国による暴力の行使が絶え間なく続いたのです。

沖縄と「戦後日本」
　ベトナム戦争でアメリカ軍の軍事拠点となったのが，沖縄です。沖縄は，第二次世界大戦後に日本本土とは切り離されてアメリカ軍の統治下に入りました。冷戦が本格化して東アジアにおけるアメリカの軍事拠点としての沖縄の戦略的価値が高まると，アメリカ軍は住民の抗議にもかかわらず，強制的に土地を接収して基地を拡張していきました。沖縄では駐留米兵による犯罪行為もおこり，とくに女性に対する性暴力は大きな衝撃を与えました。そうしたなかで，沖縄

図25　沖縄の米軍基地（2017年）

の人々の怒りは，戦争末期に沖縄を犠牲にし，戦後は沖縄をアメリカに引き渡すことで軍事的負担を押し付けた日本政府に対しても向けられました。やがて核軍拡競争が激しくなると，沖縄にも核兵器が配備されました。核兵器がある軍事基地は戦争がおこった際には真っ先に敵のターゲットになるため，沖縄の人々は核兵器の配備にも反対しました。

　住民の抗議にもかかわらず基地の島となった沖縄は，冷戦下でのアメリカの軍事行動に巻き込まれていきます。朝鮮戦争ではアメリカ軍爆撃機の出撃拠点として使用されましたし，ベトナム戦争では沖縄駐留のアメリカ軍部隊が戦地に派遣されました。アメリカの戦争で沖縄が重要な役割を果たしたことで，基地はさらに拡張されました。アメリカはこのまま沖縄の軍事占領を続ける

3．帝国主義の遺産：脱植民地化と冷戦　　79

つもりでしたが，現地の人々の反対もあり，沖縄は1972年に日本に返還されました。しかし，基地のない沖縄を求める住民の願いに反して，米軍基地は残りました。本土の基地面積が減少する一方で，日本復帰後も沖縄の基地負担はあまり減っておらず，現在でも在日米軍基地の約70％が沖縄に集中しています。沖縄は第二次世界大戦期から現在に至るまでほぼ一貫してアメリカと日本の「半植民地」として扱われてきたと言えます。

　こうした歴史を踏まえると，「戦後日本が平和であった」という「常識」は再考する必要がありそうです。日本は朝鮮戦争にもアメリカを主体とする国連軍を支援するというかたちでかかわりましたし，沖縄は朝鮮戦争とベトナム戦争の際の攻撃拠点として実際に使用されました。基地の島として絶えず安全上の脅威にさらされてきた沖縄の人々にとって，また，脱植民地化と冷戦のはざまで自らの帰属意識と生活基盤を揺さぶられた在日朝鮮人にとって，「戦後の平和」という言葉を額面どおりに受け止めるのは容易ではないように思われます。

逆コース：南アフリカのアパルトヘイト

　脱植民地化が進んで植民地が独立する一方で，それとは逆行するコースをとったのが南アフリカでした。南部アフリカでは，1910年に四つのイギリス植民地が合同して南アフリカ連邦が成立しました。南アフリカには比較的多くの白人が住んでおり，同じく白人植民者が多く住むカナダやオーストラリアなどとともにイギリス帝国の自治領として内政の自治が認められていました。1931年のウェストミンスター憲章（Statute of Westminster）により，自治領は軍事・外交面でも自主権が与えられ，イギリスとの関係を維持しつつも独立国家

図26 アパルトヘイト（1984年）
トイレも白人用と非白人用で分けられた。

として扱われるようになります。しかし、他の自治領とは異なり、南アフリカでは白人は少数派でした。人口の圧倒的大部分を占めていたのはアフリカ人で、その他にもインド人やカラード（Coloured）と呼ばれる人々もおり、白人人口は全体の2割ほどでした。数のうえでは少数ながら政治と経済の実権を握る白人がどのように非白人を管理し統制していくかを模索するなかで、南アフリカではアパルトヘイト[※5]と呼ばれる抑圧的な人種隔離体制が形作られていきました。

　第二次世界大戦後に形成されたアパルトヘイト体制のもとで、非白人は劣悪な環境に置かれました。非白人の側もさまざまな抵抗運動を展開しますが、圧

※5　アパルトヘイト（Apartheid）のもとで、南アフリカの住民は四つの人種（白人、アフリカ人、インド人、カラード［インド人、アフリカ人以外の非白人で、主に南西部の先住民、解放奴隷の子孫、「混血」の人々からなる］）のいずれかに分類され、労働、居住空間、統治の面で各人種間の強制的分離が図られた。とりわけ、人口の大部分を占めるアフリカ人は狭い土地に押し込められて、貧困生活を余儀なくされた。

3. 帝国主義の遺産：脱植民地化と冷戦

倒的な軍事力をもつ少数白人政権によって押さえ込まれてしまいます。抵抗運動の指導者は逮捕され，隔離された刑務所に閉じ込められたり拷問を受けて殺害されたりしました。アパルトヘイトが存続しえた理由のひとつは，他国の支持があったからです。冷戦の時代にあって，南アフリカ政府は反アパルトヘイト運動を「共産主義運動」と呼び，反共産主義の名のもとにその弾圧を正当化しました。それゆえ，反共産主義の立場をとる西側諸国は，南アフリカとアパルトヘイト体制を支持しました。加えて，南アフリカには核兵器製造に必要なウラン資源が豊富にあったので，核軍拡競争を繰り広げるアメリカにとっては軍事戦略の観点からも重要でした。アメリカと同じく西側陣営に属する日本も南アフリカの少数白人政権を支え，日本人はアジア人であるにもかかわらずアパルトヘイト期の南アフリカでは「名誉白人」として扱われました。

　しかし，アパルトヘイトの残虐さに対する非難が国内外で高まり，1980年代には西側諸国も南アフリカに経済制裁を課したことで，アパルトヘイトは崩壊に向かいます。1991年にアパルトヘイト諸法の撤廃が宣言されると，1994年にはすべての人種が参加する史上初の総選挙が実施され，ネルソン・マンデラ（Nelson Mandela，1918～2013）[6]が大統領に選ばれました。アパルトヘイトは明らかに植民地支配の延長線上にあり，それを踏まえれば南アフリカが脱植民地化を達成してからまだ30年ほどしか経っていないことになります。南アフリカでは現在も人種間の格差が残っており，帝国主義の遺産を乗り越えるための試行錯誤が続いています。

※6　反アパルトヘイト運動の指導者。1962年に逮捕されて，1990年まで27年間にわたり獄中生活
　　を送る。93年にノーベル平和賞受賞。

むすびに代えて：植民地責任と「帝国主義を歴史する」ことの意味

21世紀の現在，強国が自国以外の地域を身勝手な理由で支配下に置くことはもはや許されません。しかし，帝国主義と植民地支配が引きおこした問題を，私たちはいまだに清算し切れていません。「はじめに」で触れた植民地支配が残した傷跡とそれへの謝罪および補償を求める動きは，まさにこのことを示しています。かつての奴隷制・奴隷貿易や植民地主義に関する責任を問う動きとそれをめぐる議論を植民地責任論と言い，日本の歴史学界でも近年大きな注目を集めています。

　植民地責任を追及する動きは，相互に連動しながら展開してきました。1990年代初頭に，かつて日本軍「慰安婦」であった韓国の女性が実名で自らの過去を告白し，日本政府に対して謝罪と補償を求める訴訟をおこしました。これは世界的な反響を巻きおこします。すぐ後で述べるナミビアの事例では，植民地時代の暴力に対する補償を求める人々が，元日本軍「慰安婦」の訴えに言及しつつ，かつてのドイツ軍による性暴力をも糾弾（きゅうだん）の対象に含めるようになりました。2001年には国連主催の「人種主義，人種差別，排外主義，および関連する不寛容に反対する世界会議」が開かれ，奴隷貿易・奴隷制と植民地支配の罪についての話しあいが行われました。旧宗主国の意向もあり，そこでの結論は曖昧なものにはなりましたが，植民地責任をめぐる問題を正面から議論する国際会議が開かれたことは画期的なことでした。

　ここでは，植民地責任をめぐる運動の例をいくつかみておきましょう。2001年，ナミビア（かつてのドイツ領南西アフリカ）のヘレロの人々が，20世紀初頭にドイツ統治下でおこった虐殺（第1章（3））や強制労働などを取りあげ，ドイツ政府および植民地支配にかかわったドイツ企業に対して補償を求める裁判をおこしました。2004年にはドイツの経済協力大臣がナミビアを訪れ，1世

むすびに代えて：植民地責任と「帝国主義を歴史する」ことの意味　85

紀前のヘレロとナマの蜂起に対するドイツ軍の残虐な行為を列挙して謝罪と赦しを乞いました。その後，両国で交渉が行われ，ドイツはナミビアに対する歴史的道義的責任を認めたうえで，植民地支配下で損害と苦痛をこうむった人々が居住する地域に対して開発援助を通じた支援を行うことが決定されました。しかし，原告団のなかには，「開発援助のかたちでの補償」に不満をもち，より根本的な償いを求める声も残りました。

　同様の運動は，アフリカ東部のケニアでもおこりました。ケニアは19世紀後半にイギリスの支配下に入りました。現地のアフリカ人は植民地の開発に動員される一方で，農耕に適した土地を白人入植者に奪われ，居留地などへの移住を強要されました。アフリカ人の不満は高まり，1950年代には先住民のキクユを中心とする組織が武装蜂起を開始しました。イギリス軍はこの組織を「マウマウ」（Mau Mau）と呼び，鎮圧を開始します。マウマウ掃討戦の過程では，1万人以上のマウマウ兵士が殺害され，他にも多くの人々が刑務所に収監されて拷問を受けました。イギリスはマウマウとは路線を異にする穏健派のアフリカ人民族主義者らと交渉し，1963年にケニアの独立を承認しました。その後，約半世紀を経て，マウマウの元兵士たちは，植民地支配下で受けた暴力を糾弾し，それに対する補償を求める運動を開始します。2009年にはイギリス政府を相手取った損害賠償請求訴訟が始まり，原告である元マウマウ兵士は被告であるイギリス政府に対して謝罪と補償を求めました。イギリス政府は，責任はかつてのケニア植民地政府が負うべきであり，現在のイギリス政府は被告になりえないと主張しましたが，2012年にイギリスの高等法院は政府の主張を却下しました。2013年，イギリス政府はついに植民地統治下のケニアで拷問が行われたことを認め，謝罪と補償金の支払いに同意しました。もっとも，イギリス政府は，

図27 元マウマウ兵士への謝罪と補償を求めるケニアの人々（2011年）

かつての植民地支配に対して現在の政府はいかなる法的責任も有していないという立場は変えていません。

　このように植民地責任を問い直す動きは世界各地でおこっていますが、その一方で、ここで紹介した二つの事例が、被害者による加害者の責任追及という単純な構図に収まり切らないことも指摘しておくべきでしょう。まずナミビアでの運動について、当初ヘレロによる補償要求運動は、さまざまな民族的出自をもつナミビア国民のうちの特定の人々（ヘレロ）のみに焦点をあてるものであったため、国民としての一体性を強調するナミビア政府はその支援に前向きではありませんでした。さらに、ドイツがナミビアの主要な援助国であったこと、補償要求運動の指導者が当時の政権と対立する野党の指導者であり、彼が運動を通じてヘレロ内部で指導者としての地位を確立しようとしていたことなどを踏まえれば、植民地責任の問題がさまざまな政治的思惑と結び付いていたことがうかがい知れます。もっとも、2004年以降、ナミビアでの運動はヘレロだけでなく他の集団も含むものへと拡大してきており、国民的運動としての性

むすびに代えて：植民地責任と「帝国主義を歴史する」ことの意味　87

格は強まりつつあります。加えて，ケニアでの運動についても，当時のケニア大統領キバキが元マウマウ兵士（その多くがキクユ）の訴訟を支援したのは，この運動を後押しすることでキクユの人々から政治的支持を獲得するという目論見があったからだとも言われています。また，元マウマウ兵士たちの訴訟を請け負ったイギリスの法律事務所が補償金の獲得を強調したことから，植民地責任を問うことよりも補償金を得ることのほうが重要であるかのようなイメージも作られてしまいました。とはいえ，いずれの事例においても，訴訟の原告となった人々の多くが，植民地時代に行使された暴力に対する謝罪と補償の要求を通じて旧宗主国の植民地責任を追及しようとしたことは間違いありません。そこにさまざまな利害や関心が絡みあっていたことはたしかでしょうが，当事者たちの真剣な思いを軽んじることはできないでしょう。

　ここであらためて問題とすべきは，帝国主義を推し進めた旧宗主国の姿勢です。元マウマウ兵士の訴訟に対するイギリス政府の反応にもみられるように，その植民地責任への向きあい方はいかにも曖昧です。そのひとつの理由は，植民地独立にかかわる複雑な経緯にあると考えられます。たしかに武力を用いて宗主国を追い出した例もありましたが，最終的に交渉を通じて独立が達成されることもありました。民族運動の指導者のなかには，将来の国家統合と経済発展のためには，好むと好まざるとにかかわらず，独立後も旧宗主国の支援に頼らざるをえないと考える者もいました。他方，帝国支配国の内部でも，第二次世界大戦後に帝国主義や植民地支配に対する批判が国際世論として定着するなかで，国際社会における自国の地位を維持するためには植民地支配を断念せざるをえないという認識が強まりつつありました。こうして，植民地と宗主国が将来も一定の関係を維持することを念頭に独立が承認されるケースもあったので

す。

　以上のように，植民地の独立は，ときにさまざまな思惑や打算の産物でもありました。とはいえ，独立運動の原点に，支配される側にあった人々の不満と自立を求める意思があったことはたしかです。そうした植民地住民からの要求や帝国支配に批判的な国際世論に直面した宗主国は，自ら進んで植民地を放棄したわけではなく，むしろそうせざるをえない状況に追い込まれていったのです。この大筋を忘れてはなりません。にもかかわらず，旧宗主国では，交渉による独立の事例やかつて植民地だった国々との継続的な関係を指摘して，植民地からの撤退を「円滑な脱植民地化」とか「時流に即した現実的な政策判断」として評価する声が聞かれることもあります。そのような理解からは，帝国支配下での暴力やそれが現在にどのような影響を及ぼしているのかという問いはなかなか生まれてきません。結果として，植民地責任を省みる機会は失われてしまうことになります。

　他方で，日本の場合は，第二次世界大戦の敗北により強制的に植民地を失ったこと，その後の東京裁判では戦争犯罪や戦争責任が問われる一方で植民地支配は問題とはされなかったことなどにより，植民地支配の過去を十分に省みることなく「戦後」が始まりました。戦後日本ではもっぱら冷戦と経済成長が語られ，帝国としての過去は忘れられ，植民地責任についての意識は希薄なままでした。20世紀末から日本の植民地支配の過去を問い直す動きが出てくるなかで，謝罪と補償をめぐる議論がスムーズに進まない原因は，戦後日本で植民地責任という問題が真剣に検討されてこなかったことにもあると思われます。

　現在を生きる私たちが植民地責任にどう対応するかは，難しい問題です。しかし，帝国主義と植民地支配が人々に苦痛をもたらしたことはたしかです。こ

むすびに代えて：植民地責任と「帝国主義を歴史する」ことの意味　89

の問題を解決することなく，帝国主義と植民地支配の過去に由来する諸問題を克服することはできません。植民地責任の問題は，どうしても国と国の問題として語られがちです。それが大事なのはもちろんですが，この問題がさまざまな勢力によって政治的に利用されることでかえって問題が複雑化し，関係国の国内世論がヒートアップした結果，その解決がますます遠のくこともありえます。より重要なのは，かつて植民地支配下に置かれた人々の心情に寄り添い，それらの人々の経験を掘りおこし，それらの人々の視点から歴史を読み直し，帝国主義と植民地支配が残した問題を克服するためになにをしていくべきかを考えることなのではないでしょうか。それこそが，「帝国主義を歴史する」ことの最も重要な意義であり，目的であると言えるでしょう。

むすびに代えて：植民地責任と「帝国主義を歴史する」ことの意味　91

参考文献

秋田茂「帝国と軍隊—イギリスの植民地支配とインド軍」，濱下武志・川北稔編『支配の地域史』
　山川出版社，2000年，176〜212頁

秋田茂『イギリス帝国の歴史—アジアから考える』（中公新書）中央公論新社，2012年

網中昭世『植民地支配と開発—モザンビークと南アフリカ金鉱業』山川出版社，2014年

アンダーソン，ベネディクト（山本信人訳）『三つの旗のもとに—アナーキズムと反植民地主
　義的想像力』NTT出版，2012年

五十嵐元道『支配する人道主義—植民地統治から平和構築まで』岩波書店，2016年

板垣竜太「植民地支配責任を定立するために」，岩崎稔ほか編『継続する植民地主義—ジェン
　ダー／民族／人種／階級』青弓社，2005年，294〜315頁

板垣竜太『朝鮮近代の歴史民族誌—慶北尚州の植民地経験』明石書店，2008年

伊藤智永『忘却された支配—日本のなかの植民地朝鮮』岩波書店，2016年

ウェスタッド，O・A（佐々木雄太監訳）『グローバル冷戦史—第三世界への介入と現代世界
　の形成』名古屋大学出版会，2010年

臼杵陽『中東和平への道』（世界史リブレット52）山川出版社，1999年

宇山智彦「ユーラシア多民族帝国としてのロシア・ソ連」，宇山智彦編『越境する革命と民族』
　（ロシア革命とソ連の世紀5）岩波書店，2017年，1〜34頁

小野沢あかね「芸妓・娼妓・酌婦から見た戦時体制—日本人「慰安婦」問題とは何か」，歴史
　学研究会・日本史研究会編『「慰安婦」問題を／から考える—軍事性暴力と日常世界』岩波
　書店，2014年，89〜129頁

加藤公一「戦後東アジアで「アメリカ」を学び捨てる—「冷戦としての戦後」と脱植民地化
　の記憶喪失」，『歴史学研究』第920号，2014年，2〜13頁

木谷勤『帝国主義と世界の一体化』（世界史リブレット40）山川出版社，1997年

貴堂嘉之『アメリカ合衆国と中国人移民—歴史のなかの「移民国家」アメリカ』名古屋大学
　出版会，2012年

木畑洋一『支配の代償—英帝国の崩壊と「帝国意識」』東京大学出版会，1987年

木畑洋一「帝国と帝国主義」，木畑洋一・南塚信吾・加納格『帝国と帝国主義』（21世紀歴史
　学の創造4）有志舎，2012年，2〜54頁

木畑洋一『二〇世紀の歴史』（岩波新書）岩波書店，2014年

金富子『植民地期朝鮮の教育とジェンダー—就学・不就学をめぐる権力関係』世織書房，

2005年

洪郁如『近代台湾女性史―日本の植民統治と「新女性」の誕生』勁草書房，2001年

小杉泰『9.11以後のイスラーム政治』岩波書店，2014年

駒込武『植民地帝国日本の文化統合』岩波書店，1996年

駒込武『世界史のなかの台湾植民地支配―台南長老教中学校からの視座』岩波書店，2015年

酒井隆史『暴力の哲学』（河出文庫）河出書房新社，2016年

清水美里『帝国日本の「開発」と植民地台湾―台湾の嘉南大圳と日月潭発電所』有志舎，
　　2015年

慎蒼宇「無頼と倡義のあいだ―植民地化過程の暴力と朝鮮人「傭兵」」，須田努・趙景達・中
　　嶋久人編『暴力の地平を超えて―歴史学からの挑戦』青木書店，2004年，147～180頁

鈴木茂「「黒い積み荷」の往還―奴隷貿易から見る大西洋世界」，歴史学研究会編『史料から
　　考える世界史20講』岩波書店，2014年，75～83頁

ストーラー，アン・ローラ（永渕康之・水谷智・吉田信訳）『肉体の知識と帝国の権力―人種
　　と植民地支配における親密なるもの』以文社，2010年

宋連玉「「慰安婦」問題から植民地世界の日常へ」，歴史学研究会・日本史研究会編『「慰安婦」
　　問題を／から考える―軍事性暴力と日常世界』岩波書店，2014年，5～28頁

竹中千春『ガンディー―平和を紡ぐ人』（岩波新書）岩波書店，2018年

鄭栄桓『朝鮮独立への隘路―在日朝鮮人の解放五年史』法政大学出版局，2013年

津田みわ「復権と「補償金ビジネス」のはざまで―ケニアの元「マウマウ」闘士による対英
　　補償請求訴訟」，永原陽子編『「植民地責任」論―脱植民地化の比較史』青木書店，2009年，
　　189～217頁

鳥山淳「先送りされ続ける「平和の到来」―占領下沖縄の経験をめぐって」，『歴史学研究』
　　第934号，2015年，10～19頁

内藤雅雄「インド・パキスタン分離独立をもたらしたもの」，歴史学研究会編『史料から考え
　　る世界史20講』岩波書店，2014年，154～162頁

永原陽子「南アフリカ戦争とその時代」，歴史学研究会編『強者の論理―帝国主義の時代』（講
　　座世界史5），東京大学出版会，1995年，79～115頁

永原陽子「ナミビアの植民地戦争と「植民地責任」―ヘレロによる補償要求をめぐって」，永
　　原陽子編『「植民地責任」論―脱植民地化の比較史』青木書店，2009年，218～248頁

永原陽子「二〇世紀初頭西南アフリカにおける二つの植民地主義―「ブルーブック論争」から」，

井野瀬久美惠・北川勝彦編『アフリカと帝国―コロニアリズム研究の新思考にむけて』晃洋書房，2011年，252〜274頁

永原陽子「「慰安婦」の比較史に向けて」，歴史学研究会・日本史研究会編『「慰安婦」問題を／から考える―軍事性暴力と日常世界』岩波書店，2014年，63〜79頁

並木真人「朝鮮民族運動の思想（一九二〇年代）」，歴史学研究会編『世界史史料10―二〇世紀の世界I　ふたつの世界大戦』岩波書店，2006年，102〜104頁

林博史『米軍基地の歴史―世界ネットワークの形成と展開』吉川弘文館，2012年

平井和子「兵士と男性性―「慰安所」へ行った兵士／行かなかった兵士」，上野千鶴子・蘭信三・平井和子編『戦争と性暴力の比較史へ向けて』岩波書店，2018年，111〜140頁

平野千果子『フランス植民地主義の歴史―奴隷制廃止から植民地帝国の崩壊まで』人文書院，2002年

平野千果子『フランス植民地主義と歴史認識』岩波書店，2014年

平野千果子『アフリカを活用する―フランス植民地からみた第一次世界大戦』人文書院，2014年

深澤安博『アブドゥルカリームの恐怖―リーフ戦争とスペイン政治・社会の動揺』論創社，2015年

藤川隆男『人種差別の世界史―白人性とは何か？』刀水書房，2011年

藤本博『ヴェトナム戦争研究―「アメリカの戦争」の実相と戦争の克服』法律文化社，2014年

古田元夫「南ベトナム解放民族戦線の成立（一九六〇年）」，歴史学研究会編『世界史史料11―二〇世紀の世界II　第二次世界大戦後　冷戦と開発』岩波書店，2012年，186〜188頁

細川道久『「白人」支配のカナダ史―移民・先住民・優生学』彩流社，2012年

前川一郎「イギリス植民地問題終焉論と脱植民地化」，永原陽子編『「植民地責任」論―脱植民地化の比較史』青木書店，2009年，278〜309頁

水谷智「植民地統治下の白人性と「混血」―英領インドの事例から」，川島浩平・竹沢泰子編『人種神話を解体する3―「血」の政治学を越えて』東京大学出版会，2016年，163〜189頁

水谷智「消されゆく被支配経験の共鳴：インド独立運動の朝鮮への思想的影響と日本帝国の言論統制」（未刊行論文）

三宅芳夫・栗田禎子・小沢弘明「「移動と革命」への序」，小沢弘明・三宅芳夫編『移動と革命―ディアスポラたちの「世界史」』論創社，2012年，9〜61頁

山口守・田中ひかる「移民ネットワークと社会運動」，田中ひかる編『社会運動のグローバル・ヒストリー—共鳴する人と思想』ミネルヴァ書房，2018年，93〜124頁

山室信一「「国民帝国」論の射程」，山本有造編『帝国の研究—原理・類型・関係』名古屋大学出版会，2003年，87〜128頁

山本明代・田中ひかる「マイノリティがつくりだす社会運動」，田中ひかる編『社会運動のグローバル・ヒストリー—共鳴する人と思想』ミネルヴァ書房，2018年，125〜155頁

吉澤誠一郎「義和団の主張（一九〇〇年）」，歴史学研究会編『世界史史料9—帝国主義と各地の抵抗II　東アジア・内陸アジア・東南アジア・オセアニア』岩波書店，2008年，156〜157頁

吉澤南『海を渡る"土兵"，空を飛ぶ義和団—民衆文化と帝国主義』青木書店，2010年

レディカー，マーカス（上野直子訳）『奴隷船の歴史』みすず書房，2016年

若林正丈『台湾抗日運動史研究　増補版』研文出版，2001年

脇村孝平『飢饉・疫病・植民地統治—開発の中の英領インド』名古屋大学出版会，2002年

Bayly, C. A. *Remaking the Modern World 1900-2015: Global Connections and Comparisons* (Hoboken, NJ; Chichester: Wiley Blackwell, 2018).

Etemad, Bouda. (Translated by Andrene Everson) *Possessing the World: Taking the Measurements of Colonisation from the Eighteenth to the Twentieth Century* (New York: Oxford: Berghahn Books, 2007).

Hyslop, Jonathan. 'The Invention of the Concentration Camp: Cuba, Southern Africa and the Philippines, 1896-1907', *South African Historical Journal* 63:2 (2011), 251-276.

Kolsky, Elizabeth. *Colonial Justice in British India: White Violence and the Rule of Law* (Cambridge: Cambridge University Press, 2010).

Smith, I. R. and Stucki, Andreas. 'The Colonial Development of Concentration Camps (1868-1902)', *Journal of Imperial and Commonwealth History* 39:3 (2011), 417-437.

図版出典

表1　Bouda Etemad (Translated by Andrene Everson), *Possessing the World: Taking the Measurements of Colonisation from the Eighteenth to the Twentieth Century* (New York: Oxford: Berghahn Books, 2007), ch.10, Tables 10.1〜10.5より筆者作成

図1　宮本正興・松田素二編『新書アフリカ史』（講談社現代新書）講談社，1997年，278頁を一部改変

図2　アフロ

図3　Slave ship, ニューヨーク公共図書館蔵

図4　編集部作成

図5　Photograph of Golden Spike Ceremony at Promontory, Utah, アメリカ国立公文書記録管理局蔵

図6　アフロ

図7　Tea Pickers in the Himalayas, India, アメリカ議会図書館蔵

図8　Tirailleur Sénégalais, ニューヨーク公共図書館蔵

図9　''The Yellow Terror In All His Glory'', 1899, Alamy

図10　School begins. *Puck*, v. 44, no. 1142 (1899.1.25), アメリカ議会図書館蔵

図11　Black, Chinese and White laborers in a gold mine in South Africa, アメリカ議会図書館蔵

図12　Alamy（フランス国立図書館蔵）

図13　ユニフォトプレス

図14　Mahatma Gandhi, ニューヨーク公共図書館蔵

図15　José Rizal and Sixto Lopez: From a photograph taken in Hong-Kong in 1891, opp. p. 32, ニューヨーク公共図書館蔵

図16　Alamy

図17　『日本地理大系11　台湾篇』改造社，1930年，131頁

図18　Alamy

図19　写真：宮城晴美氏撮影／間取り図：「要塞建築勤務第6中隊　北飛行場56飛行場大隊派遣重信班　陣中日誌」（1944年12月），内閣府沖縄戦関係資料閲覧室蔵（https://www8.cao.go.jp/okinawa/okinawasen/document/b03_1/b03_1_29.html　原本は防衛研究所蔵）

図20　亀井高孝ほか編『増補版　標準世界史地図』吉川弘文館，1996年，58・63頁より編

集部作成

図21　アンドリュー・N・ポーター編著（横井勝彦・山本正訳）『大英帝国歴史地図—イギリスの海外進出の軌跡 [1480年〜現代]』東洋書林，1996年，186頁

図22　イアン・バーンズ，ロバート・ハドソン（増田義郎監修，増田えりか訳）『アジア大陸歴史地図』東洋書林，2001年，141頁より編集部作成

図23　Alamy

図24　Vietnam. Defoliation Mission, アメリカ国立公文書記録管理局蔵

図25　『沖縄から伝えたい。米軍基地の話。Q&A　Book』沖縄県，7頁（https://www.pref.okinawa.jp/site/chijiko/kichitai/tyosa/qanda.html [最終閲覧日：2019年6月17日]）より編集部作成

図26　アフロ

図27　アフロ

　アメリカ議会図書館，アメリカ国立公文書記録管理局，ニューヨーク公共図書館所蔵の画像は以下のサイトにて公開されているものを利用した。

アメリカ議会図書館（Library of Congress, Prints & Photographs Division）

　http://www.loc.gov/pictures/

アメリカ国立公文書記録管理局（National Archives and Records Administration）

　https://catalog.archives.gov/

ニューヨーク公共図書館（New York Public Library）

　https://digitalcollections.nypl.org/

著 者

大澤 広晃
おおさわ　ひろあき

1980年生。ロンドン大学キングスカレッジ大学院歴史学研究科博士課程修了。Ph.D. (History, University of London) 現在，法政大学文学部准教授。専攻はイギリス史，イギリス帝国史。

主著

'Wesleyan Methodists, Humanitarianism and the Zulu Question, 1878–87' (*Journal of Imperial and Commonwealth History* 43:3, 2015).

「宗教・帝国・「人道主義」―ウェズリアン・メソディスト宣教団と南部ベチュアナランド植民地化」(『史学雑誌』第122編第1号，2013年)

「宣教師と植民地政治批判―19世紀ケープ植民地東部境界地帯におけるウェズリアン・メソディスト宣教団の動向を中心に」(『歴史学研究』890号，2012年)

編 集 委 員

上田信

高澤紀恵

奈須恵子

松原宏之

水島司

三谷博

歴史総合パートナーズ⑧
帝国主義を歴史する

定価はスリップに表示

| 2019年 7 月22日 | 初　版　第 1 刷発行 |
| 2022年 8 月26日 | 初　版　第 2 刷発行 |

著　者	大澤　広晃
発行者	野村　久一郎
印刷所	法規書籍印刷株式会社
発行所	株式会社　清水書院

　　　　　〒102-0072
　　　　　東京都千代田区飯田橋3-11-6
　　　　　電話　03-5213-7151㈹
　　　　　FAX　03-5213-7160
　　　　　http://www.shimizushoin.co.jp

カバー・本文基本デザイン／タクティクス株式会社／株式会社ベルズ
乱丁・落丁本はお取り替えします。　　　　ISBN978-4-389-50101-3

本書の無断複写は著作権法上での例外を除き禁じられています。また，いかなる電子的複製行為も私的利用を除いては全て認められておりません。

歴史総合パートナーズ

① 歴史を歴史家から取り戻せ！―史的な思考法― 　　　上田信

② 議会を歴史する 　　　青木康

③ 読み書きは人の生き方をどう変えた？ 　　　川村肇

④ 感染症と私たちの歴史・これから 　　　飯島渉

⑤ 先住民アイヌはどんな歴史を歩んできたか 　　　坂田美奈子

⑥ あなたとともに知る台湾―近現代の歴史と社会― 　　　胎中千鶴

⑦ 3・11後の水俣／MINAMATA 　　　小川輝光

⑧ 帝国主義を歴史する 　　　大澤広晃

⑨ Doing History：歴史で私たちは何ができるか？ 　　　渡部竜也

⑩ 国境は誰のためにある？―境界地域サハリン・樺太― 　　　中山大将

⑪ 世界遺産で考える5つの現在 　　　宮澤光

⑫「国語」ってなんだろう 　　　安田敏朗

⑬ なぜ「啓蒙」を問い続けるのか 　　　森村敏己

⑭ 武士の時代はどのようにして終わったのか 　　　池田勇太

⑮ 歴史からひもとく竹島／独島領有権問題
　　 ―その解決への道のり― 　　　坂本悠一

⑯ 北方領土のなにが問題？ 　　　黒岩幸子

以下続刊